ARCHITEKTUR IM 20. JAHRHUNDERT

W0034356

Ursula Kleefisch-Jobst, geboren 1956, studierte Kunstgeschichte, Germanistik und Klassische Archäologie. Sie arbeitet als Architektur- kritikerin und ist seit 2001 am Deutschen Architektur Museum in Frankfurt am Main tätig.

ARCHITEKTUR
IM 20. JAHRHUNDERT

Ursula Kleefisch-Jobst

DUMONT

Impressum

Umschlagvorderseite von links nach rechts und von oben nach unten:
Walter Gropius, Bauhaus, Dessau, 1925–26 / Frank O. Gehry, Guggenheim Museum, Bilbao, 1991–97 / Frank Lloyd Wright, Fallingwater, Bear Run (Pennsylvania), 1936–37 / Philip Johnson, AT&T Building, New York, 1978–84 / Le Corbusier, Notre Dame du Haut, Ronchamp, 1950–55 / William van Alen, Chrysler Building, New York, 1928–30

Umschlagrückseite von links nach rechts:
J. O. von Spreckelsen, Grande Arche, Paris, 1984–89 / Gerrit Rietveld, Haus Schröder, Innenausstattung, Utrecht, 1923–24

Frontispiz:
Norman Foster Associates, Ove Arup und Partner, Hongkong and Shanghai Bank, Hongkong, 1978–86

Bibliografische Informationen der Deutschen Bibliothek
Die Deutsche Bibliothek verzeichnet diese Publikation
in der Deutschen Nationalbibliographie;
detaillierte bibliografische Daten sind im Internet über
http://dnb.ddb.de abrufbar.

Originalausgabe
© 2003 DuMont Literatur und Kunst Verlag, Köln
Alle Rechte vorbehalten
© VG Bild-Kunst, Bonn 2003, für die Arbeiten von Le Corbusier, Lyonel Feininger,
Ludwig Mies van der Rohe, Gerrit Rietveld, Frank Lloyd Wright
Satz und Herstellung: Roman, Bold & Black, Köln
Druck und buchbinderische Verarbeitung: Editoriale Lloyd
Printed in Italy   ISBN 3-8321-5574-0

Inhalt

Inhalt

Einleitung

Mit den architektonischen Strömungen im 20. Jahrhundert beschäftigt sich der vorliegende Band der Reihe Schnellkurs. Jahrhundertwenden sind ein beliebter Anlass für Rückblicke, obwohl die künstlerischen Bewegungen diesen Datumsgrenzen keinerlei Respekt zollen. Das 20. Jahrhundert aber ist für die Baugeschichte fast zu einem Synonym für die »moderne Architektur« geworden.

Unter »moderner Architektur« versteht man zunächst einmal eine Architektursprache, die sich vom Stilpluralismus des 19. Jahrhunderts und seinen Prunk- und Repräsentationsansprüchen zu befreien suchte. Einher ging damit auch ein tiefgreifender ästhetischer Wandel. Hatten bis dahin Jahrhunderte, eigentlich Jahrtausende lang Holz, Lehmziegel, Bruchstein und Marmor das Erscheinungsbild der Bauwerke geprägt, so traten an ihre Stelle jetzt Stahl, Beton, Glas, Aluminium und Kunststoffe. Waren bis dahin jedes Stück Holz und jeder Stein für eine bestimmte Stelle am Bau gesägt und behauen worden, so ermöglichten jetzt vorfabrizierte Teile eine serielle Bauweise.

Kein Jahrhundert ist mit solch vehementem Anspruch angetreten, sich vom Formballast der Geschichte zu befreien. Dabei ging es nicht um einen Bruch mit der Historie, sondern um ein Zurück zu den Wurzeln der Architektur, zurück zu ihren Urelementen und Urformen. Die Protagonisten der avantgardistischen Baukunst der zwanziger und dreißiger Jahre waren von den moralisch-ästhetischen Idealen einer neuen »Einfachheit« geprägt. Fast scheint sich der Kreislauf zu schließen, denn in dem vielfältigen Gewirr architektonischer Strömungen am Beginn des 21. Jahrhunderts erhebt sich wieder die Forderung nach einer »Neuen Einfachheit« oder, wie es nun heißt, einem »Minimalismus«.

Natürlich ist die Sehnsucht nach stereometrischen Grundformen und einer von der Ratio bestimmten Baukunst, die den Gesetzen des Tragens und Lastens Ausdruck verleiht, sehr viel älter als das vergangene Jahrhundert. Ihre gedanklichen Wurzeln reichen bis in die Aufklärung zurück. Bereits die klassizistische Architek-

Kein Buch entsteht ohne die Hilfe vieler. Ich danke vor allem meinem Mann, Christoph Jobst, für sein geduldiges Zuhören und die kritische Durchsicht des Manuskriptes; Ines Wagemann für vielfältigen fachlichen Rat und meiner Tochter Luise Jobst für die Zusammenstellung der historischen Daten.
Widmen möchte ich das Buch Luise, Giacomo, Lorenzo und François-Xavier. Die Kenntnis der Architekturgeschichte ist eine wichtige Voraussetzung, sorgsam mit der uns umgebenden gebauten Umwelt umzugehen.

tur der zweiten Hälfte des 18. Jahrhunderts prägten klare Volumen und scharfe Konturen. Das gilt nicht nur für die utopischen Entwürfe der Revolutionsarchitekten Etienne-Louis Boullée, Claude-Nicolas Ledoux und Jean-Jacques Lequeu in Frankreich, sondern gleichermaßen für die Bauten Karl Friedrich Schinkels. Sie alle waren von großer Bedeutung für die modernen Entwicklungen im 20. Jahrhundert.

Beginnen wird der vorliegende Band aber erst mit der Generation von Baumeistern am Ende des 19. Jahrhunderts, die mit ihren Bauten die ersten Grundlagen für die Entwicklung der zwanziger und dreißiger Jahre des 20. Jahrhunderts legten. Es sind auch diejenigen Architekten, die erstmals die technischen Errungenschaften der Industrialisierung nicht nur in ihre Architektursprache, sondern auch in Baukonstruktion und Bauprozess miteinbezogen haben.

Unter »moderner Architektur« versteht man bis heute insbesondere die avantgardistischen Strömungen der ersten Jahrhunderthälfte mit ihren Protagonisten Walter Gropius, Mies van der Rohe und Le Corbusier. Um diese Bewegung von den nachfolgenden modernen Richtungen abzusetzen, spricht man jetzt eher von der »Klassischen Moderne«.

Der Zweite Weltkrieg hinterließ die Menschheit in einer tiefen Verunsicherung, auch in der Frage, in welchem Stil man wieder aufbauen sollte. Es war naheliegend, sich an die – auch politisch unverfängliche – rationale und funktionale Architektur der ersten Jahrhunderthälfte anzulehnen. Jedoch war die politische, gesellschaftliche und soziale Situation in einem tief-

1 Le Corbusier, Vers une architecture, 1922

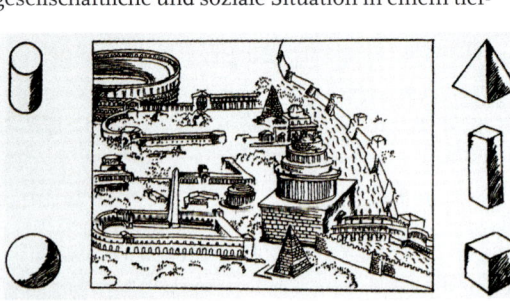

Einleitung

2 Etienne-Louis Boullée, Entwürfe aus »Architecture ensevelie«

greifenden Wandel begriffen. Langsam vollzog sich die Entwicklung von der Industrie- zur Informationsgesellschaft und von den nationalen Wirtschaftsstrukturen hin zu globalen. Damit verloren die politischen und sozialen Ideale, die die Architektur in der ersten Jahrhunderthälfte getragen hatten, ihr Fundament. Sinnentleerte Kisten und Kasten entstanden aller Orten. Kein Wunder, dass sich schon bald Kritik an der einst so umjubelten Moderne regte. Die Diskussion um die Postmoderne, die Ende der sechziger Jahre losbrach, besiegelte definitiv das Ende der »Klassischen Moderne« und des »International Style«. Zwar erwiesen sich die Positionen der Postmoderne nicht als besonders langlebig, aber sie öffneten den Weg zu vielfältigen Ansätzen, wie sie die Architekturszene am Beginn des 21. Jahrhunderts charakterisiert.

1851
Erste Weltausstellung in London

1873
Wirtschaftsrezession beendet Gründerzeit-jahre in Deutschland

1881
In Brüssel erscheint das erste Heft von »L'Art Moderne«

1883
Einführung der Sozialver-sicherungsgesetzgebung in Deutschland, ähnliche Gesetze entstehen in Frankreich und England; Nietzsche, »Also sprach Zarathustra«

1889
Bau des Eiffelturms für die Pariser Weltaus-stellung

3 John Ruskin (1819–1900), englischer Kunsthistoriker, Schrift-steller und Sozialrefor-mer. Er beschwor die Ent-sprechung der äußeren und inneren Schönheit ei-nes Bauwerks.

Mit der von England ausgehenden Industriellen Revo-lution hatte im 19. Jahrhundert eine beispiellose Tech-nisierung und Mechanisierung begonnen, die das Leben der Menschen grundlegend veränderte. Die Dampfmaschine lieferte künstliche Energie, Kohleför-derung, Eisen- und Stahlproduktion sowie die Maschi-nenindustrie blühten. So konnte sich die industrielle Massenproduktion entwickeln, ein modernes Verkehrs-wesen entstand, und die Städte wuchsen explosions-artig. Damit ergaben sich auch neue Bauaufgaben, wie Bahnhöfe, Warenhäuser, Fabriken, Verwaltungs-gebäude und nicht zuletzt Mietskasernen.

Um breite Bevölkerungsschichten mit preiswerten Gebrauchsgegenständen für den täglichen Bedarf ver-sorgen zu können, wurde die traditionelle handwerk-liche Fertigung durch billige Maschinenarbeit ersetzt. Trotz einer ersten Wirtschaftsdepression zwischen 1870 und 1885 entwickelte sich die industrielle Pro-duktion auch in der zweiten Jahrhunderthälfte sprung-haft. Der Zustrom in die Städte war ungebrochen, die negativen Folgen der Industrialisierung unübersehbar. In den Kreisen des Bürgertums, aber auch der Unter-nehmerschaft entstanden die ersten Reformbewegun-gen, die sich zum Ziel setzten, das soziale Elend zu bekämpfen.

1851 öffnete die erste Weltausstellung in London ihre Tore. Damit begann der Reigen der großen Leistungs-schauen, die die neuesten Erfindungen und Produkte der Industrie einem Massenpublikum präsentierten. In den mächtigen Nationalstaaten Europas mit ihren eigenen Wirtschaftsimperien in Übersee erblühte unter Einbeziehung des nordamerikanischen Marktes allmählich der Weltwirtschaftshandel. Der Ausbau des Eisenbahnnetzes, die Erfindung des Kraftwagens 1885 und 1897 des Dieselmotors sowie der Beginn der Luftschifffahrt um 1900 und der drahtlosen Tele-graphie ab 1897 beflügelten Mobilität und Informa-tionsaustausch.

Der technische Fortschritt hatte neue Produktions-methoden, Gegenstände und Geräte mit neuen Funktionen hervorgebracht, doch eine neue Ästhetik für Industrieprodukte gab es zunächst noch nicht. In der Architektur war die Situation vergleichbar: hier hatte das Stahlskelett die Konstruktion von Bauwerken revolutioniert, sich aber noch nicht auf die Formensprache ausgewirkt. Man bediente sich weiterhin aller historischen Stile wie in einem Warenlager. Im Zuge der Mittelalterbegeisterung kam es in der Mitte des 19. Jahrhunderts zu einer Neubewertung der Gotik, bei der man nun die Einheit von Konstruktion und Form schätzte. So wurden im zweiten Viertel des Jahrhunderts die Forderungen nach einem »ehrlicheren« Umgang mit Form und Materialien, einer größeren Identität von äußerer und innerer Gestalt eines Gebäudes und der Einheit von Form und Funktion eines jeglichen Gebrauchsgegenstandes immer lauter. Allmählich begann eine Loslösung vom Historismus und ebnete die Bahn für die Entwicklungen im 20. Jahrhundert.

4   Charles Rennie Mackintosh, Typographie, 1901. Der Spruch ist ein Plädoyer für eine freie Formgebung, eine Befreiung vom Historismus, wie sie sich in den letzten Jahrzehnten des 19. Jahrhunderts langsam vollzog.

1890
U-Bahn in London; Gründung der sozialdemokratischen Partei in Deutschland, Neuaufbau der Gewerkschaften

1892
Gründung der Partito Socialista Italiana

1893
Independent Labour Party gegründet

1894
Dreyfus-Affäre in Frankreich

1895
Die ersten bewegten Bilder der Brüder Lumière

1896
Erste Ausgabe der Zeitschrift »Jugend« in München

1898
Marie Curie entdeckt die Radioaktivität

1899
Erste Haager Friedenskonferenz

1900
Boxeraufstand in China; Erste Rolltreppe in Paris

1901
Am 22. Januar stirbt Queen Viktoria, die seit 1837 das britische Empire regierte

1903
Erster bemannter Motorflug der Gebrüder Wright

1905
Russische Revolution; Gründung der Künstlervereinigung »Die Brücke«

William Morris und die Arts-and-Crafts-Bewegung, Charles Rennie Mackintosh

Im vom Historismus geprägten viktorianischen England begann um 1860 mit William Morris (1834–96) die Erneuerung des Kunsthandwerks. Das Schlüsselerlebnis war für Morris der Besuch der Weltausstellung 1851. Das Mutterland der industriellen Revolution präsentierte ein enormes Angebot maschinell gefertigter Gebrauchsgüter, deren überbordenden Stilpluralismus Morris als »unaussprechlich häßlich« empfand. 1861 gründete er mit Freunden die Firma Morris, Marshall & Faulkner (später Morris & Co.). Möbel, Glasfenster,

Teppiche, Tapisserien, Stoffe, sogar ganze Innenausstattungen wurden von ihnen entworfen und ausgeführt. Im Gegensatz zu den industriellen Massenproduktionen stand für Morris die schöpferische Kraft, die in der individuellen Herstellung eines jeden Gegenstandes liegt und über das rein zweckmäßige hinausgeht, im Vordergrund. Daher wandte er sich auch gegen die Fertigung mit Maschinen.

Im zweiten Viertel des 19. Jahrhunderts war in England eine Vorliebe für alles Gotische weit verbreitet. Ein bedeutender Vertreter des Gothic Revival war August W. N. Pugin (1812–52), der die gesamte Innenausstattung für die Houses of Parliament in London schuf. Auch Morris begeisterte sich für das Mittelalter, insbesondere für die Gotik. Beeinflusst von den Theorien Ruskins, betrachtete Morris die Gotik als die Architektur Nordeuropas, die – im Gegensatz zu der von »Sklaven« erbauten klassischen Architektur der Antike – für ihn ein Gesamtkunstwerk aus Architektur und Dekoration war, von freien Handwerkern geschaffen Hier flossen in die Idealisierung des Mittelalters auch sozialistische Gesellschaftsideen ein, die von den Schriften Karl Marx' beeinflusst waren. Morris glaubte,

5 William Morris, 1834–96, Selbstporträt, Victoria and Albert Museum, London. Er begann zunächst ein Theologiestudium. Ab 1852 war er zusammen mit Philipp Webb Assistent im Architekturbüro von George Street und studierte Malerei bei dem Präraffaeliten Dante Gabriel Rossetti.

6 Philipp Webb, Red House, Bexley Heath, Kent, 1859. Den Außenbau bestimmen klare Großformen. Die Gestaltung der Fenster ist der mittelalterlichen Architektur entlehnt.

das Handwerk befriedige den Arbeiter mehr als das »kapitalistische Machwerk«. Er konnte aber Zeit seines Lebens das Dilemma nicht überwinden, dass seine Produkte für die arbeitenden Massen unerschwinglich waren. Dies änderte sich erst, als Künstler wie Henry van de Velde und Peter Behrens sich unter dem Einfluss von Morris dem Entwurf von Industriegütern zuwandten.

7 Wrightwick Manor, Staffordshire, Salon, 1893. Die Ausstattung ist eine der vollständigsten Inneneinrichtungen von Morris & Co. mit Leuchten, Wandverkleidungen, Polsterarbeiten und Tapisserien.

Arts-and-Crafts-Movement
Die Arts-and-Crafts-Bewegung basiert auf der Kunst und Theorie des englischen Architekten und Sozialreformers William Morris. Er versuchte die künstlerischen Qualitäten des Handwerks den industriell gefertigten Billigprodukten entgegenzusetzen. Der Name ging aus der 1888 gegründeten »Arts and Crafts Exhibition Society« hervor, die in ihren jährlichen Ausstellungen in London die Arbeiten der Mitglieder der Art Workers' Guild zeigte.

1859 ließ sich Morris von dem Architekten Philipp Webb (1831–1915) ein Haus bauen, das er gemeinsam mit dem Maler Edward Burne-Jones ausstattete. Beim Bau von Red House wurde die bereits 1841 von Pugin formulierte Entwurfsregel umgesetzt: »Es soll keinen Teil an einem Bauwerk geben, der nicht für die Nützlichkeit, Konstruktion oder Angemessenheit erforderlich ist.« Red House wirkte deshalb für die Zeitgenossen geradezu schockierend einfach: befreit von den akademischen Normen, offen in seiner Formkomposition und konsequent in seiner Funktionalität.

Die nachfolgenden Architekten Arthur Heygate Mackmurdo (1851–1942), William Richard Lethaby (1857–1931), Charles F. Voysey (1857–1941) und Charles R. Ashbee (1863–1942) blieben der Arts-and-Crafts-Tradition von Morris treu, wenn auch nicht immer in strikter Ablehnung der Maschinenarbeit. Sie institutionalisierten sich zunehmend in Gilden und wurden so zum Vorbild für die Gründung des Deutschen Werkbundes 1907. Voysey entwickelte die Prinzipien von Webbs Red House weiter. Seine Entwürfe für Landhäuser sind fast frei von historistischen Elementen, die Grundrisse äußerst funktional gestaltet und die Außenansichten in schlichten Grundformen gegliedert, eingebunden in großzügige Landschaftsgestaltungen.

Stark von Voysey inspiriert war der Schotte Charles Rennie Mackintosh (1868–1928). Seine metallgetriebenen Arbeiten und Möbelentwürfe erregten ab 1896 in England und auf der 8. Secessionsausstellung in Wien, 1900, zusammen mit Arbeiten seiner Frau Margaret Macdonald, ihrer Schwester Frances und Herbert McNairs großes Aufsehen: die stilisierten, vegetabilen Ornamente

8 Charles Rennie Mackintosh, 1868–1928. Zusammen mit seiner Frau Margaret Macdonald, ihrer Schwester Frances und Herbert McNair gelten die nach ihrem Heimatort benannten »Glasgow Four« heute als die Begründer des modernen Designs. Beeindruckt waren sie nicht nur von den keltischen Mythen ihrer Heimat, sondern auch von der japanischen Kunst.

waren eingebunden in langgestreckte, geometrische Formen. Schwarz und Weiß waren vorherrschend, in einer kurzen Phase auch die elegante Kombination von Violett und Silber. 1896 gewann Mackintosh den Wettbewerb für den Neubau der Glasgower Kunstschule. Dieser Bau wurde zu einem Fanal der Architektur des 20. Jahrhunderts. Seine Gestalt ist entscheidend bestimmt durch Konstruktion und Funktion, dekorative Details spielen nur eine Nebenrolle. Mackintosh bediente sich der neuen Materialien Beton, Stahl und Glas und installierte

eine elektrische Beleuchtung und eine Zentralheizung. Sein Einfluss wirkte sich unmittelbar auf die Bauten der Wiener Architekten Joseph Maria Olbrich und Josef Hoffmann aus und reichte bis hin zur De-Stijl Bewegung um 1917 in den Niederlanden.

9 Charles Rennie Mackintosh, Glasgow School of Art, 1896–1909. Das Gebäude setzt sich aus einer lockeren Ansammlung mächtiger Baukörper zusammen. Die Asymmetrien werden durch Fialen, Giebel und Türme betont. Die Nordfront beherrschen die für die damalige Zeit ungewöhnlich großen Fenster zur Belichtung der Ateliers.

10 Charles Rennie Mackintosh, Glasgow School of Art, 1896–1906. Die Bibliothek mit ihrem Mobiliar zeigt Mackintoshs eigenwilligen Stil in Vollendung. Charakteristisch sind die schmalen hochrechteckigen Formen mit ihren geschwungenen Binnenstrukturen.

Jugendstil – Art Noveau – Modernismo

Unter dem Einfluss der Arts-and-Crafts-Bewegung in England begann auch auf dem Kontinent die Lösung vom Historismus. Die neue Bewegung wurde unter verschiedenen Namen bekannt. Am treffendsten ist die französische Bezeichnung »Art Nouveau«, denn es

handelte sich nicht um eine flüchtige Mode, sondern um einen neuen Stil. Die Wurzeln waren die Auseinandersetzung mit der Gotik als einem konstruktiven Stil und die Entdeckung der dynamischen Linie in den japanischen Holzschnitten als einem

11 Victor Horta, Maison du Peuple, Brüssel, 1897–1900. Der Außenbau besteht aus einem Stahlrahmensystem, das mit Glas, Stein und Ziegel ausgefacht ist. Horta nahm hier eine Konstruktionsweise vorweg, wie sie A. Perret mit dem Wohnblock an der Rue Franklin in Paris 1903 perfektionierte.

prägenden Formelement. Aus der Natur entlehnte vegetabile Formen, stark stilisiert und an die Fläche gebunden, wurden zum Charakteristikum der neuen Stilrichtung. Sie ergriff zuerst alle Arten von Gebrauchsgegenständen und rückte handwerkliches Können in den Mittelpunkt des künstlerischen Schaffensprozesses. Allmählich fanden die vom Formalismus befreiten Formen der neuen Bewegung auch in die Architektur Eingang. Die Stahlkonstruktion wurde im Sinne der Materialgerechtigkeit offen gezeigt und die schmalen Streben Teil der dekorativen Gestaltung. Anders als in der Gotik waren nicht mehr Strebepfeiler und Strebebogen die entscheidenden konstruktiven Elemente,

Die Bewegung des **Jugendstils, die** zwischen 1890 und 1910 ganz Europa ergriff und durch ihre konsequente Ablehnung des Historismus großen Einfluß auf die fortschrittlichen Strömungen des 20. Jahrhunderts ausübte, ist unter verschiedenen Bezeichnungen bekannt: In Deutschland sprach man in Anlehnung an die Zeitschrift »Jugend« vom »Jugendstil«; im englischsprachigen Raum vom »Modern Style«, in Frankreich von der »Art Noveau« nach der Pariser Galerie gleichen Namens, aber auch »Style Guimard« oder gar »Style Metró« war geläufig. In Belgien bezeichnete man den Jugendstil als »Coup-de-Fouet-Stil« (Peitschenschlag) oder »Paling Stijl«, nach dem flämischen Wort für Aal. In Österreich machte die neue Strömung als Secessionsstil Furore. In Italien kannte man sie als »Stile Liberty«, und in Spanien hieß sie schlicht »Modernismo«.

12 Hector Guimard, Metró-Eingang, Porte Dauphine, Paris, 1900, Typ B. Die Eingänge bestehen aus austauschbaren, eisernen Standardelementen in den charakteristischen vegetabilen Formen.

13 Antonio Gaudí, Sagrada Familia, Barcelona, 1883–1926. Mit ihren bizarren, phantastischen Formen stehen die Arbeiten des Spaniers außerhalb der Architektur seiner Zeit.

sondern die schräg in Richtung des Gewölbeschubs gestellte Stütze.

Die bedeutendsten Vertreter dieser Richtung sind der Belgier Victor Horta (1861–1947) und der Franzose Hector Guimard (1867–1942). Sie wandten sich ganz neuen Bauaufgaben zu. So schuf Horta in Brüssel das Warenhaus »L'Innovation« (1901–03) und die Parteizentrale der Sozialistischen Arbeiterpartei, »La Maison du Peuple«, 1897–1900. Guimard entwarf ab 1899 die Eingänge für die neue Pariser Metró.

Einen eigenen Weg innerhalb des Jugendstils ging der Spanier Antonio Gaudí (1852–1926). Stark von seiner katalanischen Heimat geprägt, blieb er stets dem Stein als Baumaterial treu, ebenso im wesentlichen der gotischen Konstruktionsweise, wie sich in seinem Hauptwerk, der Sagrada Familia in Bracelona, ab 1883 deutlich zeigt. Er entwickelte eine ungewöhnlich bizarre und plastische Formensprache.

14 Otto Wagner, K.u.K.
Postsparkasse, Wien,
1903–06, erweitert
1910–12. Das Innere
beherrscht der zentrale
Kassenraum. Wagner
benutzte das basilikale
Raumschema, mit
Mittelschiff und niedrige-
ren Seitenschiffen. Die
Verwendung von Glas
und Stahl und die abso-
lute Vereinfachung der
Elemente bewirkt jedoch
einen gänzlich neuen
Raumeindruck, von einer
bis dahin unbekannten
technischen Ästhetik.
Entscheidend tragen
dazu auch die neuarti-
gen Belüftungskörper
bei.

Aufbruch in Österreich: Die Wiener Secession

Die prächtige historische Bebauung der Wiener
Ringstraße zeugt von einem wohlhabenden Bürger-
tum, das kulturellen Einfluß geltend machte und
damit an die Stelle von Adel und Kirche getreten war.

Otto Wagner (1841–1918), der Erneuerer der österreichischen Architektur, kam aus dieser wohlhabenden
bürgerlichen, aber den aristokratischen Lebenswelten
verhafteten Gesellschaftsschicht. Als Architekt zunächst
wenig erfolgreich, blieb er dem klassizistischen Formrepertoire verpflichtet. Sein entscheidender Einfluss
auf die moderne Bewegung begann mit seiner Lehrtätigkeit an der Wiener Akademie 1894. Im gleichen
Jahr zum künstlerischen Berater der Wiener Stadtbahn
berufen, entwarf er bis 1900 zahlreiche Stationsgebäu-
de und Brücken. Ein eleganter Klassizismus verbindet
sich dort mit technischen Details. 1896 erschien Wagners Schrift »Moderne Architektur«, worin er die An-
passung der Baukunst an die moderne Lebensweise
forderte. Die antiakademische Haltung seines Assistenten Joseph Maria Olbrich (1867–1908) und seines
begabten Schülers Josef Hoffmann (1870–1956), die
von den geometrischen Formen der »Glasgow Four«

beeindruckt waren, blieb nicht ohne Wirkung auf Wagner. Der Bau der Wiener Postsparkasse wurde Wagners Manifest der modernen Architektur. Außen und innen ist der Bau von strenger Orthogonalität geprägt. Alle Gliederungselemente wurden stark abstrahiert und in die Fläche gedrängt. Die Fassade ist mit Marmorplatten verkleidet, die mit Aluminiumbolzen gehalten werden. Am Außenbau gelang Wagner eine gekonnte Verbindung von Tradition und Moderne, während den legendären Kassenraum eine völlig neuartige technische Ästhetik prägt.

In ihrer Revolte gegen die Akademie gründeten Olbrich und Hoffmann zusammen mit den beiden Jugendstilmalern Gustav Klimt und Kolomann Moser 1897 die Wiener Secession. 1897–98 realisierte Olbrich den Ausstellungspavillon für die Bewegung. Die streng kubische Form des Secessionsgebäudes mit seiner vergoldeten Blätterkuppel erregte großes Aufsehen. Im Auftrag des Großherzogs Ernst Ludwig von Hessen gründete Olbrich 1899 die Darmstädter Künstlerkolonie. Er verfolgte dort die Ideale einer alle Lebensbereiche durchdringenden künstlerischen Gestaltung. Das 1901 entstandene Ernst-Ludwig-Haus auf der Mathil-

15 Joseph Maria Olbrich, Secessionsgebäude, Wien, 1897–98. Das schockierende an diesem »Tempel für die Kunst« war seine Mischung aus Archaik und Moderne. Grund- und Aufriss entwickeln sich aus der Kreuzform des Vestibüls. Die zentrale Ausstellungshalle wird von einem Oberlicht gleichmäßig beleuchtet und wirkt daher wie eine neutrale Hülle. Das Interieur wurde den wechselnden Ausstellungen angepasst, so dass jeweils ein Gesamtkunstwerk entstand.

16 Josef Hoffmann, 1870–1956. Er galt in den 1920er Jahren als bedeutendster Architekt in Europa. Sein Studium begann er zunächst an der Höheren Staatsgewerbeschule in Brünn, die auch Adolf Loos besuchte; 1892–95 studierte er bei Carl v. Hasenauer und Otto Wagner. Die klassische Architektur sowie die Arts-and-Crafts-Bewegung, Mackinthoshs geometrische Arbeiten und Wagners später Rationalismus prägten ihn. 1903 gründete er zusammen mit Koloman Moser die Wiener Werkstätte, die unter anderem die Ausstattung für Purkersdorf und das Palais Stoclet schuf.

17 Josef Hoffmann, Sanatorium Purkersdorf, 1904. Absolut modern in formaler wie konstruktiver Hinsicht, besticht der Bau durch Klarheit der Disposition, strenge formale Durcharbeitung und vor allem die Einfachheit der kubischen Formen.

denhöhe mit seinen Ateliers zählt zu den progressivsten Werken Olbrichs. Mit seinen glatten Fassaden und den hohen Nordlichtfenstern zeugt es von einer extremen Versachlichung der architektonischen Sprache, die sich den funktionalen Anforderungen anpasst.

Hoffmanns entscheidender Beitrag für die Entwicklung der modernen Architektur sind seine beiden Frühwerke, das Sanatorium in Purkersdorf (1904) und das elegante Palais Stoclet in Brüssel (1905–11). Ein in seiner äußeren Erscheinung so konsequent kubisches und in allen Details bis hin zum Mobiliar so streng geometrisch gestaltetes Gebäude wie der dreigeschossige Flachdachbau in Purkersdorf war bis dahin noch nie ausgeführt worden. Die beiden Frühwerke Hoffmanns sind symptomatisch für die Jahrhundertwende: das mit äußerstem Raffinement ausgestaltete, völlig ästhetisierte Palais Stoclet und das streng rational durchgeformte Sanatorium, das die Entwurfs- und Gestaltungsprinzipien der Rationalisten vorwegnimmt.

»Beurs van Berlage«: Aufbruch in den Niederlanden.
Den Aufbruch in eine moderne, von Nüchternheit,
Klarheit und Materialechtheit geprägte Architektur
symbolisiert für die Niederlande die Börse in Amsterdam von Hendrik Petrus Berlage (1856–1934). Berlage
studierte zwischen 1875 und 1878 an der ETH in Zürich, wo noch die Lehren von Gottfried Semper leben-
dig waren. Nach ausgedehnten Studienreisen durch
Deutschland, Österreich und Italien eröffnete er 1881
zusammen mit Theodor Sanders ein Büro in Amsterdam. Beide beteiligen sich 1895 am Wettbewerb für die
dortige Börse mit einem konventionellen Entwurf im
holländischen Neorenaissance-Stil. Erst eine völlige
Überarbeitung des Entwurfes ab 1896 brachte die entscheidende Wende. Zwar ist das Formrepertoire nicht
neu, sondern vorwiegend der Romanik entlehnt und
das Eisengerippe der Dachkonstruktion von der flämischen Gotik beeinflusst, die Innovation aber lag in der
extrem flächigen und geschlossen Behandlung der
Wand und der äußersten Konsequenz, mit der die
durchaus traditionellen Materialien – Ziegel und Stein
– sichtbar belassen wurden. Berlage hatte diese neue
Architekturspra-
che bereits 1893
als »impressio-
nistische Archi-
tektur« charakte-
risiert, bei der die
Betonung auf den
großen Flächen
und Konturen
und nicht auf den
Details liegt. Für
Berlage war die
neue Architektur
auch Mittel und
Symbol einer
linksliberalen
gesellschaftlichen
Erneuerung.

18   Hendrik Petrus Ber-
lage, Börse, Amsterdam,
1896–1903. Die Börse
bestand aus einem gro-
ßen und zwei kleineren
Börsensälen, um die
herum sich Büros, ein
Postamt und eine Kanti-
ne gruppierten. Heute
wird die Börse als Veran-
staltungs- und Tagungs-
zentrum genutzt. Die
Säle werden von großen
Glasdächern belichtet,
die auf einer deutlich
sichtbaren Eisenkon-
struktion ruhen. Auffal-
lend ist, dass die Pfeiler
der Arkaden, die Kapitel-
le und die Brüstungen
der umlaufenden Gale-
rien nicht aus der Wand-
ebene hervortreten.
Diese »Poesie der Flä-
chigkeit« wurde von den
Vertretern der »Architet-
tura razionale« wieder
aufgegriffen und weiter-
entwickelt.

Frankreich: Pionierland des Stahlbetons

Die Erfindung des Beton, opus caementicium, reicht bis in die römische Baukunst zurück. Entscheidend für die moderne Architektur war jedoch die Entwicklung des äußerst belastbaren Stahlbetons. 1861 entwickelte in Frankreich François Coignet eine Technik zur Aussteifung des Betons mit Metallnetzen. Ab 1867 erhielt Joseph Monier eine Reihe von Patenten für seine Aussteifungen des Betons mit Rundeisen. Den Erfolg der später so genannten Moniereisen unterschätzte ihr Erfinder leichtsinnigerweise und verkaufte die Rechte an die deutsche Firma Wayss und Freitag. Die systematische Nutzung der modernen Stahlbetontechnik geht auf den Autodidakten und Bauunternehmer François Hennebique (1842–1921) zurück. 1892 errichtete er den ersten kompletten Stahlbetonbau. Die ab 1898 regelmäßig erschienene Zeitschrift der Firma Hennebique »Le Béton armé« trug ebenso zur schnellen Verbreitung der neuen Bauweise bei wie die eklektizistischen Stahlbetonbauten auf der Pariser Weltausstellung von 1900.

Erst August Perret (1874–1954), Sohn eines Bauunternehmers und Absolvent der École des Beaux-Arts, verband die neue Technik auch mit neuen architektonischen Ausdrucksmitteln. Er entwickelte die für den Stahlbeton so typische Skelettbauweise, die in Anlehnung an den Fachwerkbau aus einem gerüstartigen Stahlbetonrahmen mit Ausfachung besteht. Erstmals wurde sie in einem Mietshaus an der Rue Franklin in Paris (1902–03) realisiert. Durch seine enorme Sachlichkeit erregte der Bau große Aufmerksamkeit. Während der Stahlbetonrahmen hier noch mit gemusterten Fayencen verkleidet war,

19 Stahlbetonverbindung nach Hennebique, 1892. Das größte Problem bestand darin, eine einheitliche Verbindung aller Bestandteile des Eisenbetons zu erreichen. Der entscheidende Durchbruch gelang Hennebique durch die Verwendung zylindrischer Eisenbügel, die sich biegen und ineinander haken ließen. Er entwickelte den für den Stahlbeton so typischen Plattenbalken, bei dem die als Decke dienende Platte gleichzeitig die Tragwirkung des Balkens unterstützt.

20 Auguste Perret, Mietshaus, Rue Franklin, Paris, 1902–03, Die gerüstartige Stahlbeton-konstruktion ermöglichte sechs frei vorkragende Geschosse. Das Erdgeschoss ist ganz in Glas aufgelöst. Im Inneren erlaubte die Reduktion auf wenige Stützelemente eine beliebige Grundrissdisposition in jedem Geschoss.

ließ Perret die Skelettkonstruktion bei der nur wenig später entstandenen Garage an der Rue Ponthien (1906–07) offen zu Tage treten.

Der Stahlbeton mit seinen neuartigen Konstruktionsmöglichkeiten beflügelte insbesondere den Brücken- und Industriebau. So schuf etwa der Schweizer Robert Maillart (1872–1940) rund vierzig Stahlbetonbrücken, bei denen die Fahrbahn als strukturelles Element in den Gesamtorganismus einbezogen und so eine kühn geschwungene, einheitliche Form erzeugt wird. Eines der frühesten Beispiele ist die Rheinbrücke bei Tavanara in Graubünden, 1905. Zu den Pionieren des Stahlbetons gehört auch Eugène Freyssinet (1879–1962), der 1916–24 in Orly bei Paris zwei Luftschiffhallen errichtete, deren parabolische Betonrippen eine Scheitelhöhe von 62,50 m erreichen.

21 Daniel H. Burnham, John W. Root, Reliance Building, Chicago, 1890–94. Die Gerüststruktur mit den großen Fenster- öffnungen nimmt die Hochhausentwicklung Mitte des 20. Jahrhunderts vorweg.

Neue Tendenzen in Amerika

Die architektonische Entwicklung verlief in den USA im 19. Jahrhundert ähnlich wie in Europa. Auch in der Neuen Welt war die erste Jahrhunderthälfte vom Historismus geprägt. Mit der Industrialisierung verbreiteten sich neue Konstruktionsverfahren. Der entscheidende Schritt zu einer modernen Architektur vollzog sich in Chicago nach dem verheerenden Brand von 1871. In Montagebauweise entstanden die ersten Hochhäuser. William Le Baron Jenny, ein in Frankreich ausgebildeter Ingenieur und Architekt, verwandte 1879 erstmals einen Stahlrahmen, der sehr viel druck- und zugkräftiger war, als das bis dahin verwandte Gußeisen. Diese neue Tragwerkskonstruktion ermöglichte größere Gebäudehöhen.

Montagebauweise
Die neuen Materialien Eisen und später Stahl ermöglichten es, in großen Mengen Bauelemente vorzufertigen, die dann auf den Baustellen nur noch montiert werden mussten. Dadurch verkürzte sich die Bauzeit enorm und die »Zeit« wurde zur vierten Dimension der Architektur (Sigfried Giedion).

Entscheidend für die Entwicklung des Hochhauses war ferner die Erfindung des Personenaufzuges. Einen elektrisch betriebenen Aufzug präsentierte Elisha Otis erstmals 1853 auf der Industrieausstellung in New York.

Das Stahlskelett wurde zunächst noch mit Mauerwerk verkleidet, dessen Formensprache sich am Klassizismus orientierte. Bald aber zeigten sich wie in Europa Tendenzen zur Überwindung des strengen Formenkanons. Die Monumentalität von Henry Richardsons Marshall Field Warenhaus (1885–87) beruht allein auf der Ausdruckskraft des Materials, ohne jeglichen klassischen Formenapparat. Daniel H. Burnham und John W. Root setzten diese Bemühungen fort und ließen 1890–94 an ihrem 16-geschossigen Reliance Building das Stahlskelett unverkleidet.

Der bedeutendste Protagonist der Chicagoer Schule war Louis Henry Sullivan (1856–1924), der durch seine Partnerschaft mit Dankmar Adler als Adler & Sullivan in die Architekturgeschichte eingegangen ist. Sullivan hielt weiterhin an der Verkleidung des Stahlskeletts fest, ebenso an einer zurückhaltenden Ornamentierung. Dies stand für ihn nicht im Widerspruch zu seiner zu einem Schlachtruf verkommenen Forderung »Form follows Function«. Statt der bis dahin üb-

22 Louis Henry Sullivan, 1856–1924. Mit 16 Jahren begann er sein Studium am Massachusetts Institute of Technology in Cambridge. Er arbeitete bei William Le Baron Jenny, dem Erfinder der Stahlskelettkonstruktion in den USA, und ging 1874 an die École des Beaux Arts in Paris. In der Bürogemeinschaft mit Dankmar Adler, 1881–95, übernahm er die formale Gestaltung der Bauten.

23 Louis H. Sullivan, Warenhaus Schlesinger and Mayer (heute Carson Pirie Scott & Co), Chicago, 1899–1903. Ein strenges Raster horizontaler und vertikaler Linien, entsprechend dem dahinter liegenden Stahlskelett, gliedert die Fassade. Die großen Chicago Windows werden von dünnen Metallrahmen eingefaßt. Die Geschosse bestehen aus durchgehenden Flächen, wie sie bis heute für das amerikanischen Hochhaus typisch sind.

lichen horizontalen Fassadenteilung entwickelte er eine vertikale Gliederung, die die Struktur des dahinter liegenden Stahlskelettes aufnahm. Die Fassaden erhielten so eine unglaubliche Dynamik. 1890/91 entstand das Wainwright Building mit der für Sullivan so typischen Dreiteilung: Sockel – Bürogeschosse – breite Attika, hinter der sich die technischen Einrichtungen verbergen. Mit dem Warenhaus Schlesinger and Mayer (1899–1904) schuf Sullivan ein strenges Meisterwerk: hier bleibt das Raster des Skeletts zwischen den großen Fenstern sichtbar.

1888 trat Frank Lloyd Wright (1867–1959) in das Büro Adler & Sullivan ein und arbeitete vor allem an Entwürfen für Wohnhäuser. Er entwickelte den Typus des »Prärie-Hauses«: ein großzügiges, elegantes Einfamilienhaus im Grünen. Charakteristischerweise ist die Eingangsfront axial angelegt, während sich die Gartenseite asymmetrisch in die Landschaft erstreckt; die Räume gehen ineinander über, Terrassen und Garten verschmelzen. Typisch ist ein weit vorkragendes Walmdach.

Im Sinne der Arts-and-Crafts-Bewegung verstand Wright seine Häuser als Gesamtkunstwerke und scharte deshalb ein Team von begabten Ausstattern um sich. Er verteufelte indessen die Maschinenarbeit nicht, sondern forderte in seinem Vortrag »The Arts and Crafts of the Machine« 1901 deren sinnvollen Einsatz, um die Auswüchse der industriellen Fertigung durch die Kunst zu bändigen.

Sein in den Prärie-Häusern entwickelter individualistischer Stil zeigte sich auch in Bürogebäuden wie dem Larkin Building in Buffalo (1904) oder der Unitarier-Kirche in Oak Park (1906–07). Beide Bauten weisen ein streng orthogonales Gliederungssystem auf. Die Heißluftheizung der Kirche und die Klimaanlage im Bürogebäude waren bemerkenswerte technische Innovationen.

Während Wrights Europareise 1910 fand eine Ausstellung seiner Werke in Berlin statt, die der Verleger Ernst Wasmuth 1910 und 1911 in zwei Bänden publizierte. Diese trugen entscheidend zum Einfluss Wrights auf die europäische Architektur bei.

Wrights Europareise und ein mit Unterbrechungen fast sechsjähriger Aufenthalt in Japan für den Bau des Imperial Hotel in Tokio (1912–23, 1968 abgerissen) veränderten seine Architektur hin zu geschlosseneren, skulpturaleren Baukörpern. Ein Höhepunkt seines Spätwerkes ist das Salomon Guggenheim Museum in New York (1943 erster Entwurf, 1956–59). Der Hauptbaukörper, ein auf seine Spitze gestellter weißer Kegel, umschließt im Inneren einen lichtdurchfluteten

24   Frank Lloyd Wright (1867–1959) studierte Ingenieurwesen an der University of Wisconsin, arbeitete bei Joseph Lymann Silsbee, der ihn mit dem traditionellen nordamerikanischen Schindelstil vertraut machte. Von Sullivan, den er stets »seinen lieben Meister« nannte, war er stark beeinflusst. Inspirationsquellen waren für ihn aber ebenso der idealistische Individualismus des Schriftstellers Henry D. Thoreau und die asketische Ausstrahlung der japanischen Architektur.

25 Frank Lloyd Wright, Robie House, Chicago, 1908–10. Höhepunkt und Abschluss der Prärie-Häuser. Es handelt sich hier um ein Stadthaus mit einem großen Garten. Sein Reiz liegt im Spannungsverhältnis zwischen dem axialen Hauptbaukörper und dem Seitenflügel und der die Symmetrie brechenden Dachlandschaft. Charakteristisch sind die schmalen Fensterbänder, die zu einem wichtigen Motiv der klassisch-modernen Architektur wurden.

Innenhof, an dessen Wänden sich eine Rampe emporwindet, die die eigentlichen Ausstellungsflächen beherbergt. Wrights sehr individualistischer Ansatz führte dazu, dass er für die unterschiedlichsten Architektur-Strömungen des Jahrhunderts zur Inspirationsquelle wurde.

Hermann Muthesius und das englische Landhaus

1896 ging der Regierungsbaumeister Hermann Muthesius als Attaché für das Bauwesen an die deutsche Botschaft in London. Während dieser Zeit verfasste er zwei umfangreiche Werke zur neueren englischen Baukunst. Sein persönlichstes und bedeutendstes Buch, die drei Bände über »Das englische Haus«, erschienen nach seiner Rückkehr nach Deutschland 1903. Detaillierte Beschreibungen, Grundrisse und großformatige Fotos erläutern Aufbau und Konstruktion der neueren englischen Landhäuser, Innenräume und Ausstattung sowie die Gartenanlagen. Über die praktisch-technische Untersuchung hinaus ist das Werk aber vor allem ein Manifest für eine neue Lebensart. »Houses are built to live in, not to look at.«

Diesen Satz des englischen Philosophen Francis Bacon wählte Muthesius als Motto. Die englischen Landsitze verstand er als Ausdruck der ungezwungenen Umgangsformen der Engländer: Das Haus ist deshalb vor allem sachlich und bequem. In diesen breit gelagerten, sich zum Garten öffnenden Häusern, deren Räume sich dem Gebrauch anpassen, sah Muthesius die antistädtische Sehnsucht der deutschen Großbürger nach einer neuen Lebensform verkörpert, frei von einer streng komponierten, schmucküberladenen Architektur.

So begann er nach seiner Rückkehr aus England Landhäuser zu bauen und interpretierte sie in den von ihm herausgegebenen Landhausbüchern. Die ab den 1920er Jahren als Funktionalismus in der Architektur bezeichneten Kriterien – die Orientierung des Gebäudes im Gelände, die Beziehung der Räume zueinander und deren zweckmäßige Gestaltung – wurden in Deutschland um die Jahrhundertwende entscheidend durch die Publikationen und Bauten Muthesius' vorangetrieben. Seine Häuser aber blieben immer noch Maßarbeit und Ausdruck einer bürgerlich ästhetischen Kultur im Sinne von Arts-and-Crafts.

26 Hermann Muthesius, Haus Freudenberg, Nikolassee bei Berlin, 1907–08. Muthesius' Landhäuser entstanden in den Vororten von Berlin. Die Anzahl der Räume wurde auf die einer großbürgerlichen Wohnung reduziert. Obwohl er den unregelmäßigen, additiven Grundriss als das entscheidende Merkmal des englischen Landsitzes betrachtete, besticht sein wohl bestes Haus durch die symmetrische Anlage. Die Schmetterlingsform beschreibt an der Eingangsfront eine einladende, repräsentative Geste. Im Zentrum des Hauses liegt eine zweigeschossige Treppen-Halle – ein Archetypus des englischen Hauses.

1910
Elektrische Wasch-
maschinen und Voll-
waschmittel kommen
in Gebrauch, ebenso
Damenstrümpfe aus
Kunstseide

1911
Chinesische Revolution;
der Norweger Roald
Amundsen erreicht
knapp vor dem Englän-
der Robert Scott den
Südpol

1913
Erfindung des Röhren-
senders

1914
Mit der Ermordung des
österreichischen Thron-
folgers in Sarajewo be-
ginnt der 1. Weltkrieg;
Charlie Chaplin dreht
seinen ersten Film

1916
Albert Einstein veröffentlicht seine Relativitäts-
theorie

1917
Oktoberrevolution in
Rußland;
Vorlesungen Sigmund
Freuds zur Einführung in
die Psychoanalyse

1918
Ende des 1. Weltkrieges

1919
Eröffnung der Friedens-
konferenz in Versailles;
Eröffnung der National-
versammlung in Weimar
(Beginn der Weimarer
Republik);
Kommunistische Interna-
tionale KOMINTERN wird
gegründet;

Zu Beginn des Jahrhunderts hatte sich die Industrialisierung in Europa und den USA etabliert und der
Kapitalismus als Wirtschaftsform des herrschenden
Bürgertums durchgesetzt. Die Industrie begann allmählich auf Druck von Gesellschaft und Politik, sich stärker für soziale, kulturelle und künstlerische Belange
einzusetzen.

Als Väter der Moderne können diejenigen Baumeister bezeichnet werden, die als erste konsequent eine
Formensprache jenseits des historistischen Stilpluralismus gesucht haben. Sie ließen sich vornehmlich
von der Funktion eines Gebäudes leiten und suchten
einen architektonischen Ausdruck, bei dem die neuen
Materialien Stahl, Beton, Glas und die Skelettbauweise
in den Vordergrund traten und zu einer neuen Ästhetik führten. Sie sind Wegbereiter und auch Lehrer der
späteren Meister der klassischen Moderne. Der Erste
Weltkrieg war nicht nur politisch und gesellschaftlich
eine entscheidende Zeitenwende, er markierte auch
den Endpunkt der ersten Phase einer modernen Archi-
tekturentwicklung.

Henry van de Velde und die Großherzogliche Kunstschule in Weimar

Das Œuvre des Belgiers Henry van de Velde (1863–
1957) ist unzweifelhaft dem Jugendstil zuzurechnen,
und dennoch muss er unter die Väter der Moderne
eingereiht werden. Seine Lehrtätigkeit und seine theoretischen Äußerungen machten ihn zu einem der einflussreichsten Wegbereiter einer funktionalen Ästhetik.
Kein Alltagsgegenstand war ihm zu gering, als dass er
nicht von ihm gestaltet wurde. So entwarf er nicht nur
Möbel, Vasen, Tapeten, Bucheinbände und Schrifttypen,
sondern auch Kleider für seine Frau. Dabei verzichtete
er auf jegliche Naturornamente und historische Stil-
formen. Allein das Material und die Funktion sollten
die Form bestimmen, die Konstruktionselemente
selbst zum Ornament werden. So entstanden flächig
reduzierte Formen, geprägt von wellenförmigen
Linien.

In Anlehnung an die Theorie der Einfühlung von Theodor Lipps 1903 verstand van de Velde die Linie als Ausdruck der menschlichen Schöpferkraft.

Seit 1901 künstlerischer Berater für Industrie und Kunstgewerbe am Hofe des Großherzogs von Sachsen-Weimar, wurde van de Velde von diesem zum Leiter der 1908 eröffneten Großherzoglich Sächsischen Kunstgewerbeschule berufen. Aus ihr entwickelte sich nach dem Ersten Weltkrieg das Weimarer Bauhaus unter der Leitung von Walter Gropius. Der Lehrplan war völlig befreit von historischen Stilübungen und förderte statt dessen spontane Gestaltungs- und Erfindungsideen. Van de Veldes von der Romantik inspirierten Anfänge wichen immer mehr einer pragmatischen Haltung. Er träumte davon, der Begründer einer zeitlosen Gestaltungslehre zu werden. Bei allem Rationalismus aber ist sein Werk dennoch geprägt von seiner starken Individualität.

Benito Mussolini gründet die Faschistische Partei Italiens;
neuer Weltfinanzplatz wird New York anstelle von London;
das Luftschiff Graf Zeppelin ermöglicht einen Luftpost-Passagierdienst zwischen Berlin und New York;
Verabschiedung der Verfassung des Völkerbundes

27   Henry van de Velde, Tennisclub, Chemnitz, 1906–08. Wenn auch als Bauaufgabe bescheiden, zählt dieses Gebäude dennoch zu den Höhepunkten im Werk van de Veldes. Deutlicher noch als bei den ersten Gebäudeabschnitten der Weimarer Kunstgewerbeschule, ab 1904, betonen die Pfeiler an den Außenwänden die konstruktiven Elemente des Baus. Charakteristisch ist, dass sie offen nach oben auslaufen und durch Aufbauten noch einmal die Vertikale betonen.

Peter Behrens und die AEG

Dem Autodidakten Peter Behrens (1868–1940), der sich zunächst vor allem als Maler, Graphiker und Kunstgewerbelehrer hervorgetan hatte, fiel eine der umfassendsten künstlerischen Gestaltungsaufgaben der Neuzeit zu: 1907 als »künstlerischer Leiter« in den Elektrokonzern AEG berufen, übertrug man ihm dort die Neugestaltung des gesamten Erscheinungsbildes – von der Typographie und Werbung über Ausstellungspräsentationen bis hin zur Produktgestaltung und dem Bau von Arbeitersiedlungen und Fabriken.

Zu Behrens' wichtigsten Projekten aus dieser Zeit zählt die Hochspannungsfabrik der AEG am Humboldshain in Berlin (1910). Nach seinen Entwürfen ist die Fabrikationshalle mit den zwei fünfgeschossigen Seitenflügeln für Werkstätten und Materiallager sowie einem Bürotrakt im Osten entstanden. Das 120 m lange und 70 m breite Gebäude ist eine Stahl-Beton-Konstruktion mit Klinkerverkleidung. Stark abstrahiert, aber dennoch unverkennbar zeichnen sich am Außenbau klassische Motive ab: die beiden Dreiecksgiebel am Eingang der Halle, die Backsteinpfeiler an

28   Peter Behrens, Turbinenhalle der AEG, Berlin/Moabit 1909. Die Dreigelenkbinder liegen an der Längsseite sichtbar vor der Glasfassade. Sie scheinen sich nach unten zu verjüngen, tatsächlich aber neigen sich die Glasflächen nach innen. An der Stirnseite ist die Konstruktion durch bossierte Eckpfeiler verdeckt, die das geschlossene Giebelfeld mit dem Firmenlogo stützen. Die Halle galt als Muster eines modernen Industriebaus und ist dennoch nicht ohne Anklänge an die griechische Tempelbaukunst.

den Längsseiten, bei denen das Hervortreten der obersten Ziegelschicht ein Kapitell andeutet. Das Obergeschoss mit je zwei Fenstern in einem Joch nimmt die Stelle eines Frieses ein. Behrens setzte damit für die Industriearchitektur bahnbrechende Maßstäbe, wie schon mit seinem Erstlingswerk für die AEG, der Turbinenhalle in Moabit, 1909.

An den Aufgaben, die Behrens für die AEG übernahm, wird deutlich, wie Kultur allmählich zu einem Wirtschaftsfaktor avancierte. Behrens ging es dabei nicht um die reine Zweckform, die sich aus dem maschinellen Produktionsablauf ergibt, sondern um eine allgemeingültige künstlerische Gestaltung hochtechnisierter Gebrauchsgegenstände, die mit ihrem ästhetischen Anspruch für sich und den Erzeuger werben. Dieses heute wieder aktuelle Modell des »design management« zog damals junge Talente in Behrens' Babelsberger Studio. Dort arbeiteten teilweise gleichzeitig Ludwig Mies van der Rohe, Walter Gropius und Le Corbusier.

Neben den Arbeiten für die AEG, dem Bau der Hauptverwaltung von Mannesmann in Düsseldorf und der Firmenzentrale der Continental-Gummiwerke in Hannover (1912–13) zählt vor dem Ersten Weltkrieg die Deutsche Botschaft in St. Petersburg (1911–12) zu den bedeutendsten Bauten Behrens'. Trotz ihrer dominanten Halbsäulenfassade hat sie mit der Gigantomanie eines Albert Speer nichts gemein. Im Inneren wurde die Botschaft mit hervorragenden Produkten der deutschen Industrie ausgestattet, so dass sie einer Konzernzentrale glich.

29 Peter Behrens, Umschlag der AEG-Zeitung, Nr. 6, Dezember 1913, mit der von ihm entworfenen Bogenlampe. Behrens wählte einfache, stereometrische Formen für die Gestaltung von Massenprodukten, die breiten Bevölkerungsschichten die Segnungen des industriellen Fortschritts zugänglich machen sollten.

Durch die Schrecken des Krieges fühlte sich Behrens für eine kurze Zeit zur mystischen Architektur des deutschen Expressionismus hingezogen und schuf das von Licht und Schatten geprägte Verwaltungsgebäude für die Höchst AG in Frankfurt (1920–24). Er wandte sich jedoch bald wieder einer radikal modernen Formensprache zu, die jetzt ganz frei von jeglicher Abstraktion reine Kuben komponierte. Mit der Tabakfabrik in Linz (1929–34) knüpfte er direkt an den internationalen Stil seiner talentierten Bürogenossen an.

Adolf Loos und der Angriff auf die Kultur

Die Entwicklung, die Otto Wagner in Wien begonnen hatte – die Loslösung vom historistischen Formvokabular durch Reduktion und Abstraktion – wurde von

30   Adolf Loos, Michaelerhaus, Wien, 1909–11. Der deutliche Kontrast zwischen dem repräsentativen steinernen Sockelgeschoss mit seiner äußerst stark abstrahierten Säulenordnung und den glatt verputzten Wohnetagen wurde von Loos bewusst eingesetzt. Der wertvolle Cipollino-Marmor tritt an die Stelle des Ornaments.

seinem Schüler Adolf Loos (1870–1933) vollendet. Es
waren nicht seine Bauten, sondern zunächst seine
provokanten Artikel in der »Neuen Freien Presse«, die
seine radikalen Vorstellungen verbreiteten. Wie sein
Freund Karl Kraus griff er scharfzüngig die unterschiedlichsten kulturellen Themen von der Architektur
bis hin zur Mode auf. In seinem bekannten Beitrag
»Ornament und Verbrechen« verspottete er 1908 den
Jugendstil und das Konzept des Gesamtkunstwerks.
Sein Ziel brachte er im Spruch für seinen Grabstein
auf den Punkt: »hier ruht der, der die menschen vom
fluch des ornaments befreit hat«. Erst durch den Verzicht auf Verzierungen gelangt man seiner Auffassung
nach zum Wesentlichen, das sich in einfacher und kla-
rer Gestalt präsentiert. Jedes Gebäude und jeder
Gebrauchsgegenstand sollte eine seinem Zweck angemessene Form erhalten. Diese »Angemessenheit«,
die sich auch mit einem sittlich-moralischen Wert verbindet, hatte bereits der antike Architekt Virtuv mit
»decorum« bezeichnet. Loos fühlte sich daher in eine
lange Tradition eingebunden.

31   Karikatur aus dem
Jahre 1911 zu Loos'
Fassade des Michaeler-
hauses.

1909–11 entstand am Wiener Michaelerplatz, direkt gegenüber der Hofburg, das Wohn- und Geschäftsgebäude der Modefirma Goldmann & Salatsch. Die »Nacktheit« der gänzlich unverzierten Wohngeschosse über dem marmorverkleideten Geschäftsbereich wirkte damals skandalös. Im Inneren ermöglichte die Stahlskelettkonstruktion unterschiedliche Verkaufsebenen. Fließende Raumübergänge, später von Loos als »Raumplan« bezeichnet und von Le Corbusier in seinen freien Grundrissen weiterentwickelt, beschäftigten den Wiener Architekten zunehmend in seinen Wohnbauten. Am konsequentesten verwirklicht erscheinen sie in seinen beiden letzten Wohnhäusern, Haus Müller in Wien (1927–28) und Haus Moller in Prag (1928–30).

Sant'Elia und die futuristische Bewegung Italiens

»Wir erklären, dass sich die Herrlichkeit der Welt um eine neue Schönheit bereichert hat: die Schönheit der Geschwindigkeit« – dies war das Fanal der futuristischen Bewegung, das der Literat Filippo Tommaso Marinetti 1909 in der Pariser Tageszeitung »Le Figaro« verkündete. Das künstlerische Konzept des Futurismus, das sich zuerst in der Malerei, Bildhauerei, in Film, Musik und Dichtung verwirklichte, versuchte Bewegungsabläufe in zeitliche Sequenzen zu zerlegen, um so die Dynamik der Geschwindigkeit zu veranschaulichen. Beflügelt wurden diese Ideen von Fortschrittsglauben und Technikbegeisterung.

Der in Como geborene Antonio Sant'Elia (1888–1916) war einer der führenden Köpfe der futuristischen Architektenszene, die weitgehend ein italienisches Phänomen blieb. In dem von ihm 1914 unterschriebenen, aber im wesentlichen aus der Feder des Schriftstellers Ugo Nebbia stammenden »Manifesto dell'architettura futurista« wurden die Forderungen an die neue Architektur formuliert: radikaler Bruch mit der Vergangenheit, keine vorgefassten Entwurfsmaximen, eine von der Maschinenwelt inspirierte technologische Baukunst, die – leicht, dynamisch und vergänglich – von jeder Generation neu gestaltet werden sollte. 1913 hatte Sant'Elia sein großes Projekt Città Nuova begonnen, in dem er in grandiosen Federzeichnungen und flüchtigen Bleistiftskizzen seine Visionen einer zukünftigen Stadt entwarf. Angeregt wurde er durch die amerikanischen Metropolen New York und Chicago, die er allerdings nur aus Zeitungsabbildungen kannte. Als Sant'Elia 1916 im 1. Weltkrieg starb, hinterließ er nur wenige realisierte Bauten, aber fast 300 Zeichnungen. Diese und das Manifest übten nicht nur auf die Avantgarde des frühen 20. Jahrhunderts einen großen Einfluss aus, sondern auch auf die High-Tech-Architektur eines Buckminister Fuller, die utopischen Stadtmodelle von Archigram und die Architekturen von Richard Rogers, Renzo Piano und Norman Foster.

32 Antonio Sant'Elia, Città Nouva, 1914. Ein aus einfachen Elementen komponierter Wohnblock mit Außenaufzügen, überdachten Passagen und Galerien, davor sich kreuzende Verkehrswege. Euphorisch wurden die neuen Fortbewegungsmittel als Ausdruck von Tempo und Dynamik begrüßt. In den Details der Leucht- und Funktürme erkennt man deutlich den Einfluss der Wiener Secession.

Die Kölner Werkbundausstellung im Juli 1914 war die erste große repräsentative Selbstdarstellung des Bundes, ein Manifest seiner bisherigen Tätigkeit. Im Oktober 1907 war der Deutsche Werkbund in München von Künstlern, Architekten, Handwerkern, Industriellen und Intellektuellen gegründet worden. In der Flut von geschmacklosen, billigen industriellen Massenprodukten sahen sie die nationale Kultur in Gefahr. Anders als die englische Arts-and-Crafts-Bewegung wandten sie sich jedoch nicht gegen die Maschinenproduktion. Sie sahen vielmehr in der Maschine ein verbessertes Werkzeug, das man nur nutzen musste, um die Qualität der deutschen Gebrauchswaren zu verbessern und international konkurrenzfähig zu werden. In der imperialistisch geprägten wilhelminischen Zeit konnte der Werkbund indessen einen nationalen Anspruch nicht leugnen, ebenso wenig eine romantische Sehnsucht nach einer verlorenen Handwerkstradition.

Im Rückblick kann das Ereignis der Kölner Werkbundausstellung als ein Mikrokosmos der Vorkriegswelt betrachtet werden. Die Baulichkeiten, die am Rheinufer entstanden, spiegelten die ganze Bandbreite der damaligen architektonischen Ausdrucksformen wider: den Bruch mit dem Historismus, die Konzeption eines Bauwerks von seiner Funktion her, die Nobilitierung und Ästhetisierung neuer Konstruktionsweisen und Materialien, die Vereinfachung durch Typisierung. Im Schatten des Krieges war die Ausstellung das Resümee der »Halbzeit der Moderne«.

Planung und inhaltliche Schwerpunkte lagen im wesentlichen beim Vorstand des Werkbundes. Bei der Vergabe der großen Ausstellungsbauten wurden nur diejenigen Architekten berücksichtigt, die sich bereits durch große Projekte im Sinne des Werkbundes hervorgetan hatten. Die Jüngeren waren dadurch zunächst ausgeschlossen. Aber die Ironie der Geschichte wollte es, dass gerade sie zu Ruhm und Nachwirkung der Ausstellung beitrugen. So wurde der berühmte Glaspavillon des 34jährigen Bruno Taut (1880–1938) nur außerhalb des eigentlichen Ausstellungsgeländes genehmigt. Es war ein Auftrag der Glasindustrie. Die Finan-

33 Bruno Taut, Glaspavillon, Kölner Werkbundausstellung, 1914. Taut widmete den Pavillon dem Dichter Paul Scheerbart, der geäußert hatte: »Ohne Glaspalast ist das Leben eine Last.« In seinem Erläuterungsbericht schrieb Taut: »Es ist beabsichtigt, das Wasser auf den Kaskaden in den verschiedenartigen Formen abwärts zu leiten, so daß es unter Verwendung von phantastischen Glasprodukten, Perlen etc. teils tropft, teils rieselt und teils auch kräftig rauscht.«

34 Henry van de Velde, Werkbundtheater, Kölner Werkbundausstellung, 1914. Ganz im Sinne des Jugendstils hatte er noch einmal ein Gesamtkunstwerk von Architektur und Innenausstattung geschaffen.

zierung aber lag bei Taut, was sich für ihn bei Ausbruch des Krieges existenzbedrohend auswirkte. An das neue Material Glas knüpfte Taut die Vision einer neuen Welt, die er zwischen 1919/20 in seinen Publikationen »Alpine Architektur« und »Die Stadtkrone« beschreiben sollte.

Auch dem jungen Walter Gropius (1883–1969) war ursprünglich kein Bauauftrag zugedacht. Erst als Hans Poelzig 1913 von seinem Auftrag für eine Musterfabrik mit Bürotrakt zurücktrat, übernahm Gropius gemeinsam mit Adolf Meyer die Aufgabe. Beide hatten mit dem Fagus-Werk in Alfeld (1911–25) bereits ein zukunftsweisendes Industriegebäude errichtet. Dort und an der Hoffront des Kölner Bürotraktes legten sie vor das tragende Gerüst eine dünne Glaswand, den so genannten Curtain wall.

Neben diesen beiden zukunftsweisenden Bauwerken blieb das Kölner Werkbundthater von Henry van de Velde der Nachwelt in Erinnerung. Es steht jedoch für eine Phase der Moderne, die, noch verwurzelt in den Idealen des Jugendstils, mit dem Krieg ihren Abschluss fand. Der Außenbau war ein von geschlosse-

nen Mauern beherrschter, äußerst plastischer Baukörper mit stark profiliertem Dachansatz. Das Innere barg eine neuartige dreiteilige Bühne, die von einem halbkreisförmigen Bühnenhorizont hinterfangen wurde. Auch der abstrahierte Klassizismus, wie ihn Josef Hoffmann im Österreichischen Haus und Peter Behrens in der Festhalle noch einmal realisierten, hatte in Köln seinen letzten Höhepunkt erreicht.

Am 5. Juli 1914 fand in der Festhalle die legendäre 7. Jahresversammlung des Werkbundes statt. Auf ihr kam es zu einem offenen Streit über Hermann Muthesius' zehn Leitsätze, in denen er die Typisierung als entscheidende Gestaltungskraft forderte. Henry van de Velde führte einen entschiedenen Gegenangriff. Er setzte die individuelle künstlerische Freiheit gegen jede Normierung. Dieser Einstellung folgten vor allem die Jüngeren. Die Kluft zwischen beiden Haltungen hatte den Werkbund von Anfang an beherrscht und sollte bis zu seiner Auflösung 1934 ein entscheidendes Thema bleiben. Den offenen Bruch verhinderte zunächst noch der Ausbruch des Krieges.

Neues Bauen – Rationalismus – Funktionalismus – Internationaler Stil

Wenige Jahre nach dem Ende des Ersten Weltkriegs setzte ein allgemeiner wirtschaftlicher Aufschwung ein, der jedoch nach einem letzten großen Höhenflug vor allem in Amerika mit dem »Schwarzen Freitag« 1929 ein jähes Ende fand. Die New Yorker Aktienbörse war zusammengebrochen und die Krise der führenden Wirtschaftsmacht USA signalisierte den Beginn einer weltweiten Wirtschaftskrise. Sie stellte die kapitalistisch-imperialistische Wirtschaftsordnung in Frage und gab nicht zuletzt Gewerkschaften und sozialistischen Bewegungen, die zu Beginn des Jahrhunderts in nahezu allen Ländern Europas entstanden waren, immer mehr Aufschwung.

In den zwanziger und dreißiger Jahren sprach man von den avantgardistischen Strömungen in der Architektur als vom »Neuen Bauen« oder der »Moderne«, die im Rückblick als die »klassische Moderne« bezeichnet wird.

Begriffe wie »Funktionalismus« oder »Rationalismus« kennzeichnen einzelne Aspekte der neuen Architektursprache, ebenso wie die in den 1930er Jahren in Amerika geprägte Bezeichnung »International Style«, die die allgemeine Gültigkeit dieser Architektur hervorhebt. Zu den Meistern des »Neuen Bauens« zählen Walter Gropius, Ludwig Mies van der Rohe und Le Corbusier.

Alle drei haben entscheidend, wenn auch auf sehr individuelle Weise die Entwicklung der modernen Architektur vorangetrieben. Anders als für ihren gemeinsamen Lehrer Peter Behrens, in dessen Babelsberger Atelier sie zeitweise gleichzeitig arbeiteten, war für sie am Beginn ihrer Karrieren die Loslösung vom Stilpluralismus des Historismus bereits vollzogen. Befreit von der Last der Geschichte, wollten sie nach neuen Gestaltungsgrundsätzen und ästhetischen Prinzipien eine vornehmlich der Ratio und der Funktion verpflichtete Architektur mit Stahl, Glas und Beton schaffen.

Die Meister

Walter Gropius (1883–1969) Keiner der drei hat
die funktionale Gestaltung so konsequent zum Inhalt
und Ziel seines Entwurfsprozesses erhoben wie Walter
Gropius. Gestalt sowie Details eines Bauwerks ergaben
sich für ihn aus der inneren Gesetzmäßigkeit des zu
entwerfenden Objektes. Zweckmäßigkeit wurde zum
ästhetischen Prinzip, und Schönheit entstand aus der
überzeugend in Form umgesetzten Funktionalität.
Gropius ging es dabei nicht nur um einzelne Bauaufgaben, sondern um die Gestaltung des ganzen
menschlichen Lebensraums. Dies bezog er auf den
einzelnen Menschen ebenso wie auf die Bedürfnisse
der gesamten Industriegesellschaft. Er sprach gern
von den »sozialistischen« Idealen, allerdings nicht in
einem parteipolitischen, sondern im humanistischen
Sinn. So verband er die Arbeit des Architekten mit
hohem moralischen Anspruch und fühlte sich daher
auch besonders der Lehre und Ausbildung von Gestal-
tern verpflichtet. Gropius legte als Lehrer in den Jahren

35 Walter Gropius,
1883 in Berlin geboren,
studierte in München
und Berlin-Charlotten-
burg. Nach Abschluss
seines Studiums arbeite-
te er im Büro von Peter
Behrens, der zu dieser
Zeit Architekt und Chef-
designer der AEG war
und gerade die Turbinen-
halle in Berlin-Moabit
baute. 1910 machte
sich Gropius selbststän-
dig und nahm Adolf
Meyer aus dem Atelier
Behrens mit. Immer wie-
der ging Gropius enge
Arbeitsgemeinschaften
ein, da er nicht zeichnen
konnte und seine münd-
lich entwickelten Ideen
zeichnerisch umgesetzt
werden mussten.

36 Walter Gropius, Fagus-Werk, Alfeld a.d. Leine, 1911–25. Die verglaste Eisenrahmenkonstruktion wurde um die stützenfreie Gebäudeecke gezogen und ermöglichte so den Blick auf die freischwebende Treppe. Es entstand der erste Curtain wall in Europa. In der zweiten Bauphase bis 1914 konnte auch die zweite durchsichtige Gebäudeecke des Bürotraktes geschaffen werden. Der Bau erhielt so seine bis heute bekannte und von Gropius offiziell publizierte Gestalt.

1919–28 am Bauhaus in Dessau und 1937–52 an der Harvard University in Cambridge, Massachusetts, das theoretische Fundament für das Neue Bauen.

Seine Arbeiten vor dem Ersten Weltkrieg, vor allem das Faguswerk (1911–25) und die Musterfabrik auf der Kölner Werkbundausstellung 1914, zeugen von einer direkten Auseinandersetzung mit dem »Übervater« Behrens. 1911 wurde Gropius mit der »architektonisch künstlerischen Baugestaltung« der Schuhleistenfabrik in Alfeld beauftragt. Grundriss und Konstruktion der Gebäude waren bereits von Eduard Werner festgelegt worden. Gropius' Eingriff beschränkte sich also zunächst nur auf die Fassaden, deren gründerzeitliche Gestaltung er überarbeitete. Die eigentliche geniale Neuerung führte er am Bürotrakt durch. Anstelle einer geschlossenen Wand ließ er leicht nach oben sich verjüngende Mauerwerkspfeiler aufrichten, zwischen die eine über alle drei Geschosse reichende verglaste Eisenrahmenkonstruktionen eingehängt wurden. Gropius machte so deutlich, dass die Stahlbeton-Skelettkonstruktion der Decken und innenliegenden Stützen in sich stabil ist und die raumabschließenden Wände keinerlei tragende Funktion haben. Das Prinzip hatten schon die Baumeister der Gotik erkannt, als sie die Wandsegmente zwischen den Pfeilern, die den Gewölbeschub aufnehmen, immer mehr in Glas auflösten. Das Stahlskelett war zu Gropius' Zeiten nichts Neues. Er verhalf ihm aber zu einer bis dahin nicht erreichten optischen Wirkung und förderte so eine neue Ästhetik, die in der Auseinandersetzung mit einer neuen Bauaufgabe stilbildend wirkte.

Vielen Kritikern erschien Gropius' Musterfabrik auf der Kölner Werkbundausstellung mit den Wandpfeilern, dem ägyptisierenden Eingang und den gläsernen Eckrisaliten als ein Rückschritt gegenüber dem Alfelder Gebäude. Gerade aber am Bürotrakt des Kölner Musterbaus lassen sich einige grundlegende Ideen Gropius' veranschaulichen. Er war überzeugt, dass der neue Stil eine neue monumentale Baukunst hervorbringen würde – im Sinne des Behrens'schen Industrieklassizismus –, gekennzeichnet durch »die exakt geprägte Form, von jeder Zufälligkeit frei, klare Kontraste, Ordnung der Glieder, Reihung gleicher Teile und Einheit von Form und Farbe.« Die neuen Materialien dieser Architektur waren Glas, Stahl und Beton. Und so war im Vestibül des Bürogebäudes die alte scholastische Weisheit angebracht: »Die Materie harrt der Form«.

Die Gestaltung unterschiedlichster Interieurs, von Schiffskabinen bis hin zu Bahncoupés, machten Gropius zu einem anerkannten Raumkünstler und verhalfen ihm zu einigen Professuren. So wurde er 1919 nach Weimar berufen. Dort vereinigte er die Hochschule für Bildende Künste und die Kunstgewerbeschule Henry van de Veldes zum Staatlichen Bauhaus Weimar. Das Lehrprogramm, das auf die Vereinigung von Kunst und Handwerk zielte, was bereits zur gleichen Zeit im Arbeitsrat für Kunst diskutiert wurde, machte die Schule – insbesondere nach dem Umzug nach Dessau 1926 – zu einem Zentrum der europäischen Avantgarde.

Arbeitsrat für Kunst
Der Arbeitsrat für Kunst war eine Vereinigung von progressiven Architekten, Malern und Bildhauern und wurde 1918 von Bruno Taut gegründet als künstlerisches Gegenorgan zu den Arbeiter- und Soldatenräten. Zur Enttäuschung von Taut gewann er jedoch keinen politischen Einfluss. Unter der Leitung von Walter Gropius ab 1919 erarbeitete die Vereinigung die grundlegenden programmatischen Ansätze, die dann im ersten Bauhausmanifest zum tragen kamen.

37 Walter Gropius, Projekt Totaltheater für Erwin Piscator, 1927. Für seine ungewöhnlichen Inszenierungen träumte Piscator von einer »Theatermaschine«, die den Zuschauer unmittelbar in das Bühnengeschehen mit einbezog. Die Guckkastenbühne war dafür nicht mehr geeignet. Auch Lazlo Moholy-Nagy experimentierte am Bauhaus mit einem »Theater der Totalität«, das ein neues Raum-Zeit-Gefüge beschwor. Gropius entwarf das Theater über einem elliptischen Grundriss, bei dem durch Drehung einer kreisförmigen Parkettscheibe Guckkastenbühne, Amphitheater oder Rundarena möglich wurden.

Mit dem Bauhausgebäude in Dessau (1925–26) schuf Gropius einen programmatischen Bau, mit dem die Vision eines Gesamtkunstwerkes, an dem alle Künste unter dem Dach der Architektur beteiligt waren, Wirklichkeit wurde.

Die Wohnungen für die »Altmeister« des Bauhauses, Demonstrationsobjekte für einen modernen Lebensstil, zeigen erstmals das für Gropius' Wohnbauten so charakteristische streng kubische Äußere, gegliedert durch Fensteröffnungen in schmalen Stahlprofilrahmen. Funktional durchdachte Grundrisse schaffen offene und nüchtern-karge Innenräume. Diese Architektursprache fand große Anerkennung und weite Verbreitung und wird daher oftmals mit dem in Amerika 1932 geprägten Begriff »International Style« bezeichnet.

Im Massenwohnungsbau – Dessau-Törten, 1926–28, Dammerstock/Karlsruhe, 1928–29, und den beiden Musterhäusern der Weißenhofsiedlung/Stuttgart, 1927 – verfolgte Gropius immer intensiver die Idee von vorfabrizierten und standardisierten Elementen, die nicht nur die Baukosten senken, sondern auch die unter praktischen und ökonomischen Gesichtspunkten organisierten Abläufe in einem Haus unterstützen sollten.

Als Autor beschäftigte sich Gropius zunehmend mit funktionalen, technischen, wirtschaftlichen und sozialen Aspekten des Bauens. So in den Aufsätzen »Wohnhaus-Industrie« (1925) oder »Der große Baukasten« (1926). Bei der Durchsetzung des industriell gefertigten Hausbaus wies er dem Architekten die führende Rolle zu. Eine Aufgabe, die gerade bei den immer komplexeren Bauaufgaben unserer Tage wieder zunehmend an Bedeutung gewinnt.

1933 setzte sich Gropius zusammen mit Hugo Häring für das Neue Bauen als nationalen Stil ein. Von den Nationalsozialisten als »Baubolschewist« verfemt, musste Gropius jedoch bereits 1934 Deutschland verlassen. Er ging zunächst nach England und folgte 1937 einem Ruf an die Harvard University in Cambridge, Massachusetts, wo er bis 1952 lehrte und eine Reihe

bedeutender Architekten ausbildete, darunter Philip
Johnson und Ieoh Ming Pei. Ein bedeutendes Spätwerk
schuf Gropius nicht mehr in den USA. Zu seinen be-
kanntesten Bauten zählen sein eigenes Wohnhaus in
Lincoln (1938), bei dem er regionale Baumaterialien
und Konstruktionsweisen aufnahm, sowie das PanAm
Building in New York (1958–63). Dieser ganz in Stahl
und Glas aufgelöste Hochhausturm wurde von dem
1945 mit sechs weiteren Kollegen gegründeten TAC
(The Architects Collaborative) geplant. Bei diesem weltweit operierenden Büro sind die Anteile von Gropius
nicht mehr deutlich auszumachen.

Ludwig Mies van der Rohe (1886–1969) »Mies
bleibt unser Gewissen, aber wer hört heute schon auf
sein Gewissen«, bemerkte der Chicagoer Architekt
Harry Weise 1966. Mies war Zeit seines Lebens auf
der Suche nach der absoluten, fast als platonisch zu be-
zeichnenden Urform, die er mittels einer perfekten
Konstruktion zu erreichen suchte. Durch Reduktion
und Verfeinerung strebte er nach einem vollkomme-
nen ästhetischen Ausdruck, dem sich stets auch funktionale Aspekte unterzuordnen hatten. »Nichts vermag
das Ziel und die Bedeutung unserer Arbeit besser aus-
drücken als die tiefen Worte des Hl. Augustinus,
Schönheit ist der Glanz der Wahrheit«, sagte er bei seiner Antrittsrede als Direktor der Architekturabteilung
des Amour Institute in Chicago 1938. Die vollendete
Meisterschaft Mies van der Rohes sowohl in der Groß-
form wie im Detail ist bis heute Bezugspunkt für viele
Architekten und Designer, auch wenn ihm die nachfolgenden Generationen oft eine gewisse »Sprachlosig-
keit« seiner Bauten vorwerfen.

In der Steinmetzwerkstatt seines Vaters lernte Mies
die physischen Eigenschaften des Steins kennen und
den Wert guter Materialien und qualitätvoller Handwerkskunst schätzen, die sein Œuvre maßgeblich
bestimmen sollten. Mit Fünfzehn arbeitete er als Ent-
werfer von Stuckornamenten und entdeckte seine
zeichnerischen Fähigkeiten. 1905 ging Mies nach Berlin, wo er bei dem Architekten und Innenausstatter
Bruno Paul arbeitete. 1908 trat er in das Büro von Peter
Behrens ein, zunächst als Assistent von Walter Gropius
und dann als Bauleiter der St. Petersburger Botschaft.
1911 wurde er Mitarbeiter an einem Hausprojekt für
das Ehepaar Kröller. Da der Entwurf von Behrens nicht
gefiel, machte Mies einen zweiten. Mies' Projekt, das
ebenfalls nicht zur Ausführung kam, unterschied sich
vom Behrens'schen durch größere Einfachheit und Eleganz, zeigte aber deutlich, was er vom Meister gelernt
hatte: die Suche nach allgemeingültigen Formen in der
Tradition von Schinkels Klassizismus, Eleganz der Proportionen, Perfektion des Details und die Verwendung

38 Mies van der Rohe
auf dem von ihm 1927
entworfenen Freischwin-
ger. Am 27. März 1886
wurde Maria Ludwig
Michael als jüngstes
Kind des Steinmetzes
Mies und seiner Frau
Amalia Rohe geboren.
Ab 1922 fügte er seinem
Namen den der Mutter
hinzu und nannte sich
fortan Ludwig Mies van
der Rohe.

der modernen Industriestoffe Stahl und Glas. Durch
seine Besuche in den Niederlanden lernte Mies das
Werk Hendrik P. Berlages kennen und übernahm dessen Architekturethik von einem »ehrlichen« Umgang
mit Material und Konstruktion.

Neben Schinkel, Behrens und Berlage waren es die
offenen räumlichen Strukturen der Architektur Frank
L. Wrights, die ihn beeinflussten. Das Werk Wrights
war in Europa erstmals 1910 in einer Ausstellung in
Berlin zu sehen. Gleichzeitig veröffentlichte der Wasmuth Verlag eine Mappe mit Wrights Zeichnungen
und frühen Arbeiten. All diese Einflüsse verschmolzen
Anfang der 20er Jahre langsam zu einer für Mies charakteristischen Architektursprache, die dann nur noch
ihrer Verfeinerung und Präzision zustrebte.

39 Ludwig Mies van der Rohe, Deutscher Pavillon für die Weltausstellung, Barcelona, 1929. Auf einem acht Stufen hohen Travertinsockel, in den zwei rechteckige Wasserbecken eingelassen waren, trugen verchromte, kreuzförmige Stahlstützen eine Eisenbetonplatte. Wandscheiben aus Onyx, verschieden getöntes Glas sowie wandhohe Klarglasverglasung umfingen ein offenes, asymmetrisches Raumkontinuum. Die nur wenigen von Mies entworfenen Möbel und eine Plastik Georg Kolbes betonten die programmatische Leere des Bauwerks. Der Pavillon wurde zu einem Sinnbild für Mies' Auffassung »less is more« und daher 1986 an der ursprünglichen Stelle rekonstruiert.

Zunächst waren es nur Projekte, die in der allgemeinen Aufbruchstimmung nach dem Ersten Weltkrieg entstanden. Mies gehörte zu den Aktivisten des Neubeginns. 1922 schloss er sich der expressionistischen Novembergruppe an und dem Arbeitsrat für Kunst, arbeitete ab 1923 in der Redaktion der Zeitschrift »G« (Gestaltung) und war 1924 Mitbegründer der Architektengemeinschaft »Ring«. 1921 entwarf Mies für ein Hochhaus an der Friedrichstraße in Berlin einen reinen Glaskörper ohne Sockel- und Attikazone. Ebenso ungewöhnlich war sein Entwurf für ein Bürogebäude aus Stahlbeton (1922). Er verlegte die tragenden Stützen nach innen, während den Außenbau ein strenges Schema aus stufenweise vorkragenden Geschossdecken mit Brüstungen und durchlaufenden Fensterbändern überzog. Bei diesem Projekt ging es vor allem um das Verhältnis von Konstruktion und Form. Mies architekturphilosophischer Ansatz wird dabei deutlich: »Wo immer die Technik ihre wahre Erfüllung findet, wird sie zur Architektur.«

Die Entwürfe für ein Landhaus aus Eisenbeton (1923) und eines aus Backstein (1923–24), letzteres entstanden unter dem Einfluss der De-Stijl-Bewegung, zeigen eine für Mies entscheidende Wende. Die Häuser bestehen nicht mehr aus Kuben, sondern aus rechtwinklig aneinander stoßenden Wandscheiben, die sich als Gestaltungselemente immer mehr verselbständigen und weit in das Gelände hinausgreifen und so im Sinne Wrights das Haus organisch mit der

Umgebung verzahnen. An die Stelle aus der Wand herausgeschnittener Fenster treten jetzt verglaste Wandteile. Dieses Konzept der von der Last des Tragens befreiten Wände, die als Scheiben ein »fließendes« Raumkontinuum umfangen und strukturieren, hat Mies im Deutschen Pavillon auf der Weltausstellung in Barcelona (1929) zu einem Meisterwerk gestaltet. War der Pavillon als Bauwerk gleichzeitig auch Ausstellungsobjekt, so wandte Mies seine Vorstellung im Haus Tugendhat in Brünn (1928–30) erstmals auf die komplexen Funktionen eines Wohnhauses an. Das Untergeschoss des am Hang gelegenen Hauses ist als ein einziger großer Raum konzipiert, in dem die Bereiche Wohnen, Essen und Arbeiten durch eine freistehende Onyxscheibe und eine gekrümmte Ebenholzwand getrennt werden.

Mit dem Aufkommen des Nationalsozialismus verschlechterten sich für Mies zunehmend die Arbeitsbedingungen. Die 1930 übernommene Leitung des Bauhauses konnte er nur noch bis 1933 ausüben, als sich das Institut aus Protest gegen die Nazis selbst auflöste. 1937 reiste Mies auf Einladung des Ehepaares Resor, für deren Ranch er ein Gästehaus entwerfen sollte, nach Amerika. Das Angebot, die Leitung der Architekturfakultät am Amour Institute of Technology (seit 1940 IIT) zu übernehmen, bewog ihn, 1938 endgültig nach Chicago zu ziehen. Damit begann Mies' amerikanische Karriere, die vor allem von Großprojekten wie der Neugestaltung des IIT-

Campus zwischen 1940–58 sowie Hochhausbauten geprägt ist.

Mit den beiden Wohntürmen 860 und 880 Lake Shore Drive (1948–51) verwirklichte Mies seine alte Idee von einem transparenten Hochhaus. Jeder der beiden Türme besteht aus einem zweifachen System: dem tragenden Stahlskelett und einem aus Doppel-T-Trägern bestehenden Metallraster, das in Vierergruppen auf dem vom Stahlskelett vorgegebenen Pfeilerabständen angeordnet ist. Somit bildet die Verkleidung die Konstruktion auf der Fassade ab. Dieses System

41   Ludwig Mies van der Rohe, Seagram Building, New York, 1954–58. Das Seagram Building setzte ein Zeichen für die Stadtgestaltung New Yorks. Welche Revolution es in seiner Entstehungszeit bedeutete, ist heute nur noch schwer nachzuvollziehen. Aufgrund der New Yorker Bauordnung wiesen die Hochhäuser bis dahin die typische, sich nach oben durch Rücksprünge verjüngende Form auf. Im unteren Bereich wurde konsequent das gesamte Grundstück bis zum Straßenrand genutzt. Mies van der Rohe indessen konzipierte einen schlanken geschlossenen Baukörper, den er aus der Straßenflucht zurück versetzte. So entstand ein freier Vorplatz, der von spektakulärer Wirkung war, denn es gab damals außer der Rockefeller Plaza keinen vergleichbaren offenen Platz im Zentrum der Stadt.

perfektionierte Mies zusammen mit Philip Johnson im Seagram Building in New York (1954–58). Die im Erdgeschoss offen zu Tage tretende Stahlskelettkonstruktion wird in den Geschossen darüber von einem Curtain wall aus Bronze und getöntem Glas umschlossen. Das edle Metall und die strenge Form verleihen dem Gebäude eine erhabene Würde.

Wie das Seagram Building Mies' endgültige Aussage zum Hochhausbau darstellt, ist die Neue Nationalgalerie in Berlin (1962–67) seine absolute Lösung des »universellen Raums«. Er griff in Berlin auf ein älteres Projekt für den Verwaltungsbau der Firma Bacardi aus den Jahren 1957–60 zurück. Die Möglichkeit, ein für einen anderen Standort und eine gänzlich andere Funktion entworfenes Gebäude in einen neuen Kontext zu stellen, verdeutlicht, dass Mies hier eine für ihn endgültige Lösung gefunden hatte, die in ihrer Vollkommenheit weder nachzuahmen noch zu übertreffen war. »Der lange Weg vom Material über die Funktion zur kreativen Arbeit kennt nur ein Ziel: Ordnung zu schaffen im heillosen Durcheinander unserer Zeit.«

42 Ludwig Mies van der Rohe, Neue Nationalgalerie, Berlin, 1962–67. Auf einem Stufenpodest tragen acht Stahlstützen eine mächtige, kassettierte Stahldecke. Weit nach innen gerückt, umschließen filigrane Glaswände einen nicht weiter unterteilten Raum. Die eigentlichen Ausstellungsräume und ein Skulpturenhof befinden sich im Sockelgeschoss.

Le Corbusier (1887–1965) Das Werk Le Corbusiers lässt sich nicht mit wenigen Begriffen charakterisieren. Seine Bauwerke zählen zu den herausragenden Beispielen des Rationalismus, seine Konzepte für den Massenwohnungsbau wurden bestimmt von den funktionalen Anforderungen einer Industriegesellschaft, seine Ästhetik prägten die neuen konstruktiven Möglichkeiten und der Beton brut. Aber dennoch ist es weder, wie bei Gropius, die Funktion, die als innere Triebkraft die Gesamterscheinung eines Bauwerks bestimmt, noch wie bei Mies van der Rohe die Suche nach der endgültigen Lösung, die Le Corbusiers Werk gänzlich erklärt. Seine Baukunst bewegt sich in einem ständigen Spiel von Gegensätzen: Masse und Leere, Licht und Dunkel – apollinisch und dionysisch, um mit Nietzsche zu sprechen, den Le Corbusier sehr schätzte. Diese dialektische Haltung bestimmte nicht nur seine Architektur, sie spiegelt sich auch in seinen theoretischen Schriften wider, besonders deutlich in »Vers une architecture«, das 1923 als Buch erschien und ihn mit einem Schlag in der Fachwelt bekannt machte. Dort stellte er eine Abbildung des Parthenon neben ein Delage-Auto von 1921 und lobte bei beiden Präzision, Ausdruckskraft und Proportionen: »All diese Mechanik in der Durchbildung der Form ist in dem Marmor mit jener Strenge verwirklicht, die wir an der Maschine zu üben gelernt haben.« Zum einen ist es für Le Corbusier der Ingenieur, der – »beraten durch das Gesetz der Sparsamkeit und geleitet durch Berechnung« – die wahren Harmonien schafft, zum anderen offenbaren die klassischen Werke der Antike die ewig gültigen Grundgesetze der Architektur, die sich im Einklang mit einer inneren Weltordnung befinden.

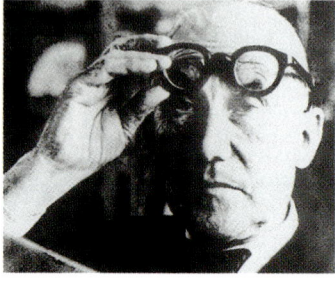

43   Le Corbusier wurde 1887 als Charles-Edouard Jeanneret in La Chaux-de-Fonds (Schweiz) geboren. Während seiner Ausbildung als Graveur und Ziseleur erlebte er noch die letzte Phase des Jugendstils und der Arts-and-Crafts-Bewegung. Als Architekt war er Autodidakt. Auf zahlreichen Reisen durch Europa empfing er Anregungen durch Josef Hoffmann, Tony Garnier, Auguste Perret sowie durch eine kurze Tätigkeit im Büro von Peter Behrens. 1911 unternahm er seine »Voyage d'orient« (1913 publiziert), bei der er wesentliche Einflüsse der ottomanischen Baukunst aufnahm. Das Oeuvre Le Corbusiers umfasst auch ein großes malerisches, graphisches und plastisches Werk, das eng mit seiner architektonischen Entwicklung verbunden ist.

»Architektur ist das kunstvolle, korrekte und großartige Spiel der unter dem Licht versammelten Körper« – Corbusiers oftmals in plakativen Sätzen formulierten Ansichten erschienen zunächst in einer losen Folge von Artikeln in der Zeitschrift »Esprit Noveau«, die er zusammen mit dem Maler Amédée Ozenfant und dem Dichter Paul Delmée 1920–25 herausgab. In einem gemeinsamen Manifest »Après le cubisme« (1918) wandten sich der Maler und der Architekt gegen die Vielansichtigkeit des Kubismus und propagierten in »Le Purisme« (1920) die Verfeinerung und Präzisierung aller existierenden Typen und das Ziel einer Harmonie der reinen Formen. Die Bilder Le Corbusiers, der sich Zeit seines Lebens auch als Maler betätigte, zeigen in dieser Phase Alltagsgegenstände in strengem Bildaufbau und zurückhaltenden Farben.

Die rationale Logik des Purismus kennzeichnet die erste Phase in Le Corbusiers Schaffen ab 1922. In jenem Jahr eröffnete er zusammen mit seinem Vetter Pierre Jeanneret in Paris ein Architekturbüro. Sie bauten zunächst eine Reihe von exklusiven Stadtvillen, arbeiteten aber auch gleichzeitig an Prototypen für den standardisierten Massenwohnungsbau. Vor dem Ersten Weltkrieg hatte Le Corbusier bereits die Maison Dom-Ino entworfen, die strenggenommen nur ein Konstruktionssystem ist: ein Skelett aus sechs Stahlträgern, Decken und einer Treppe. 1920 entwickelte er den Urtyp der Maison Citrohan mit dem charakteristischen Wohnraum über zwei Geschosse sowie einem Zwischengeschoss für Schlafräume und Kinderzimmer auf dem Dach. Die auf Pilotis gestellte erweiterte Version war erstmals in einem Gipsmodell im Salon d'Automne 1922 zu sehen. Diese zweigeschossige »Schachtel«, die

44 Le Corbusier, Maison Citrohan. Die Bezeichnung Citrohan war ein Wortspiel mit dem Namen der bekannten Automarke Citroën und sollte verdeutlichen, dass ein Haus genauso konstruiert und standardisiert werden kann wie ein Auto. Le Corbusier sprach oft von der »Wohnmaschine« (machine à habiter). Erstmals wurde das Modell realisiert im Pavillon Esprit Noveau für die Exposition internationale in Paris 1925 und dann in der Weißenhofsiedlung in Stuttgart 1927.

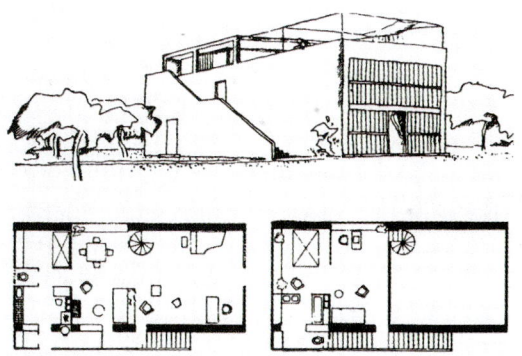

in vielfältiger Weise gestapelt werden konnte, bildete für Le Corbusier die Zelle seiner späteren Wohnanlagen.

Die luxuriösen Stadtvillen entstanden aus dem gleichen rationalen Denken. Dennoch ist jede für sich ein individuelles Kunstwerk. Es sind klar gegliederte, geometrische Gebilde, in deren Inneren sich ein komplexes Raumgefüge entlang einer Rampe, einer »promenade architecturale«, entwickelt. Zu den Meisterwerken Le Corbusiers zählen die Villa Stein in Garches (1926–28) und die Villa Savoye in Poissy (1928–31).

Mit dem Wettbewerbsbeitrag zum Völkerbundpalast in Genf (1927) begann eine neue Phase im Schaffen des Meisters. Sie wurde geprägt von großen, repräsentativen Aufgaben, die aufgrund der komplexen Bauprogramme Le Corbusier zwangen, den geschlossenen

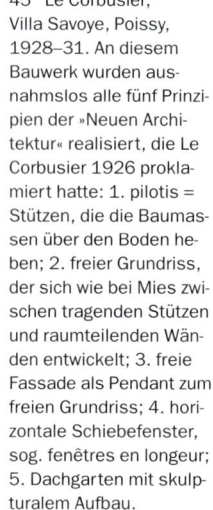

45 Le Corbusier, Villa Savoye, Poissy, 1928–31. An diesem Bauwerk wurden ausnahmslos alle fünf Prinzipien der »Neuen Architektur« realisiert, die Le Corbusier 1926 proklamiert hatte: 1. pilotis = Stützen, die die Baumassen über den Boden heben; 2. freier Grundriss, der sich wie bei Mies zwischen tragenden Stützen und raumteilenden Wänden entwickelt; 3. freie Fassade als Pendant zum freien Grundriss; 4. horizontale Schiebefenster, sog. fenêtres en longeur; 5. Dachgarten mit skulpturalem Aufbau.

Block aufzugeben zugunsten einer Anordnung differenzierter Baumassen. Hierzu gehört auch der Entwurf eines neuen Sowjetpalastes in Moskau (1931), bei dem das Dach des Plenarsaals an einem riesigen Parabolbinder aufgehängt werden sollte.

In den späten 1920er Jahren war Le Corbusier zu einer Gallionsfigur der Moderne geworden. Er unternahm ausgedehnte Reisen, unter anderem nach Lateinamerika, wo er mit den Pionierfliegern Mermoz und Saint-Exupéry die tropischen Landschaften und ihre Städte aus der Luft erlebte. Dies prägte fortan seine Stadtplanungen, die sich jetzt nicht mehr nach einem strikten Raster entwickelten, wie es bei der Ville contemporaine (1922) und der Ville radieuse (1931) noch der Fall gewesen war, sondern sich der Landschaft an-

46 Le Corbusier, Stadt-
projekt für Algier, 1930.
Oftmals ohne direkten
Auftrag beschäftigte sich
Le Corbusier 1929 mit
urbanistischen Projekten
für Buenos Aires, Monte-
video, Sao Paolo, Rio de
Janeiro und 1930 für
Algier, dessen Plan Obus
das Konzept einer Band-
stadt aufnahm. Eine für
180.000 Einwohner kon-
zipierte Hochhauszeile,
deren Dach als Autobahn
ausgebildet war, sollte
sich an der Küste ent-
lang ziehen.

passten. Bezeichnenderweise wandelten sich nach
1926 auch die abstrakten puristischen Formen in Le
Corbusiers Malerei immer mehr zu sinnlichen, figu-
rativen Kompositionen.

Mit dem Plan Obus 1930 für Algier beendete Le Corbusier seine gigantischen städtischen Visionen und wandte
sich wieder programmatischeren Lösungen zu. 1943
veröffentlichte er anonym die Charta von Athen, die im
wesentlichen die auf dem vierten CIAM Kongress (1933)
formulierten Forderungen für die »funktionale Stadt«
umfassten. Einer der sechs Grundgedanken war die Entflechtung und Ordnung der vier Hauptfunktionen einer
Stadt: Wohnen, Arbeiten, Freizeit und Verkehr. Die
Charta wurde zur Bibel für den Wiederaufbau der kriegs-
zerstörten Städte in Europa. Le Corbusiers Aufbaupro-
jekt für Saint-Dié (1946), für La Rochelle (1945) und sein
Beitrag für Berlin (1958) blieben aber unrealisiert.

47 Le Corbusier, Unité
d'habitation, Marseille,
1947–52. Die Unité ist
eine kleine Stadt (337
Wohnungen, 23 unter-
schiedliche Typen) mit
zugehöriger Infrastruktur
(Läden, Hotel, Theater,
Kindergarten). Die qua-
derförmige Scheibe er-
hebt sich über 17 Paaren
Pilotis. In die selbsttra-
gende Stahlkonstruktion
sind die Wohnzellen wie
Schubladen eingescho-
ben. Der häufigste Typus
ist eine Variante der Maison Citrohan.

48   Le Corbusier, Notre-Dame-du-Haut, Ronchamp, 1950–54. Die massiv wirkenden, leicht nach innen geneigten Außenmauern sind in Wahrheit zweischalige Wände. Im Innern scheint die Beton-Hängekonstruktion des pilzhutartigen Daches dank eines schmalen, ringsumlaufenden Fensterbandes über den Mauern zu schweben. Das durch tiefe Fensterschächte kanalisierte Licht betont im Inneren die liturgisch bedeutsamen Orte.

1947–58 baute er die Unité d'habitation in Marseille, die als die Summe seiner jahrelangen Bemühungen um den Massenwohnungsbau betrachtet werden kann. In das Baukonzept flossen seine Überlegungen aus der Zeit vor dem Krieg ein. In der Architektursprache aber unterscheidet sich die Unité von den Bauten der 20er Jahre durch raue Oberflächen, die die Spuren der Betonverschalung sichtbar belassen, durch kräftige Primärfarben und ausgeprägte Licht-Schattenspiele, durch die starke Strukturierung der Fassaden und plastische Dachaufbauten. Es kündigen sich Grundzüge des Spätwerkes an, die dann in der Wallfahrtskirche von Ronchamp (1950–54) von vielen Kritikern als Bruch im Gesamtwerk betrachtet wurden.

Die Bauten seines Spätwerkes sind im Grunde expressive Großplastiken, die nicht mehr auf Pilotis schweben, sondern fest im Boden verankert sind. Die spröde Formensprache des Beton brut in den Regierungsbauten für Chandigarh in Indien (1950–65) und im Dominikanerkloster Sainte Marie de la Tourette (1957–60) wurden Vorbilder für die Mitte der fünfziger Jahre in England entstandene Bewegung des New Brutalism. Auch die japanische Nachkriegsarchitektur wurde davon beeinflusst. Le Corbusier hat wie kaum ein anderer die Baukunst des 20. Jahrhunderts geprägt.

Das Bauhaus

Das Bauhaus war eines der wichtigsten Zentren der europäischen Moderne, dessen Wirkung weit über sein 14-jähriges Bestehen hinausreichte. Viele der dort entworfenen Möbel und Gebrauchsgegenstände erlebten als »Klassiker der Moderne« gerade am Ende des 20. Jahrhunderts ein Revival.

Entstanden ist das Bauhaus aus den bald nach 1900 einsetzenden Bemühungen um eine Reform der kunstgewerblichen Ausbildung. Am Anfang stand die Gründung der Dresdner Werkstätten für Handwerkskunst, die später in die Gartenstadt Hellerau übersiedelten und bis heute als Deutsche Werkstätten hochwertige Möbel und Gebrauchsgegenstände produzieren. 1903 reformierten Hans Poelzig und Peter Behrens die Lehrpläne der Kunstgewerbeschulen in Breslau und Düsseldorf. 1906 wurde unter der Leitung von Henry van de Velde in Weimar die Großherzoglich-Sächsische Kunstgewerbeschule gegründet. Ihre Vereinigung mit der Weimarer Hochschule für Bildende Künste (1919) war die Geburtsstunde des Bauhauses unter seinem ersten Direktor Walter Gropius.

»Das Endziel aller bildnerischen Tätigkeit ist der Bau! Ihn zu schmücken war einst die vornehmste Aufgabe der bildenden Künste, sie waren unablösliche Bestandteile der großen Baukunst ... Architekten, Maler und Bildhauer müssen die vielgliedrige Gestalt des Baus in seiner Gesamtheit und in seinen Teilen wieder kennen und begreifen lernen, dann werden sie von selbst ihre Werke wieder mit architektonischem Geist füllen ... Architekten, Bildhauer, Maler wir alle müssen zum Handwerk zurück!« – so beginnt das Bauhaus-Manifest. Deutlich wird die Intention der neuen Ausbildungsstätte: eine Synthese von Kunst, Industrie und Handwerk

49 Lyonel Feininger, Holzschnitt für das Bauhausmanifest, 1919. Dargestellt ist die Zukunftskathedrale des Sozialismus. Dieses Motiv sowie der Name »Bauhaus« waren als Programm gedacht. Sie sollten auf die Tradition mittelalterlicher Bauhütten verweisen, wo Künstler und Handwerker gemeinsam an einem Gesamtkunstwerk gearbeitet hatten.

50 Walter Gropius, Bauhaus, Dessau, 1925–26. Die Anlage besteht aus drei ausgreifenden Flügeln, die durch eine doppelgeschossige Brücke verbunden werden. Der Curtain wall vor dem Werkstatttrakt wurde zu einem Manifest des Neuen Bauens.

mit dem Ziel des Gesamtkunstwerkes. In das Programm waren Ideen eingeflossen, die Bruno Taut schon für den Arbeitsrat für Kunst 1918 formuliert hatte, die letztendlich aber bis in die Arts-and-Crafts-Bewegung zurückreichten.

Die Ausbildung am Bauhaus war in drei Stufen gegliedert. Zunächst absolvierten die Schüler eine dreimonatige Vorlehre, bei der sie den Umgang mit Materialien, Farben und Formen erlernen und besonders ihre spezifischen Fähigkeiten entdecken sollten. Diese Vorlehre prägte in den ersten drei Jahren der Schweizer Maler Johannes Itten. Auf den Vorkurs folgten drei Jahre Studium und Praxis in einer der Werkstätten für Bildhauerei, Bühne, Glasmalerei, Photographie, Metallverarbeitung, Tischlerei, Töpferei, Typographie, Wandmalerei oder Weberei. Den Unterricht erteilten so genannte Form- und Werkmeister. Die letzteren, erfahrene Handwerker, sollten den gesamten Herstellungsprozess vermitteln, während die Formmeister bildende Künstler waren. Zu ihnen zählten die Maler Lyonel Feininger, Oskar Schlemmer, Georg Muche, Paul Klee und der Bildhauer Gerhard Marcks. Unter dem Einfluss des seit Winter 1921 in Weimar weilenden De-Stijl-Künstlers Theo van Doesburg und des konstruktivistischen Malers Wassily Kandinsky, der sich im Sommer 1922 dem Bauhaus anschlossen hatte, änderte sich das ursprünglich mehr handwerklich geprägte Programm. Man strebte nun nach serieller Industrieproduktion. »Kunst und Technik eine neue Einheit« hieß die Losung. Daraufhin verließ Itten 1923 das Bauhaus. Unter seinem Nachfolger László Moholy-Nagy beherrschte eine technikorientierte, konstruktivistische Kunstauffassung die zweite Phase des Bauhauses. In einen Monteursanzug gekleidet, demonstrierte Moholy-Nagy, dass für ihn eine moderne Kunstproduktion nach technischen Gesichtspunkten verwirklicht werden musste. Während das Bauhaus immer mehr die Avantgarde Europas anzog, geriet es in Weimar zunehmend unter politischen Druck von Rechts, was letztendlich zum Unzug nach Dessau führte.

51 Walter Gropius, Aula im Bauhaus Dessau nach der Wiederherstellung 1997 mit der rekonstruierten Bestuhlung von Marcel Breuer und der Beleuchtung aus der Metallwerkstatt.

Dort bezogen die Bauhäusler 1926 das von Walter Gropius entworfene Bauhaus-Gebäude, das bis heute als architektonisches Manifest der Bauhaus-Idee gilt. Gropius schuf eine komplexe, mehrgliedrige Anlage, deren Trakte jeweils unterschiedliche Funktionen übernahmen. Ein durchgehender Curtain wall belichtet die Werkstätten, während den geschlossenen Kubus der Studentenwohnungen schmale Balkone gliedern. Die gesamte Innenausstattung besorgten die eigenen Werkstätten, die mittlerweile von ehemaligen Gesellen wie Josef Albers, Herbert Bayer, Marcel Breuer und Gunta Stölzel geleitet wurden. Eine Aufgabenteilung zwischen Form- und Werkmeistern war damit überflüssig geworden. Zweckmäßigkeit, Ökonomie, stereometrische Formen und schlichte Eleganz kennzeichnen die Produkte des Bauhauses in den Dessauer Jahren. Auch wenn die Bauhäusler nie einen eigenen Stil kreieren wollten, sind es gerade diese Charakteristika, die nachfolgende Generationen mit dem Bauhaus verbinden sollten.

1928 trat Walter Gropius die Leitung des Bauhauses an Hannes Meyer ab. Dieser hatte bis dahin die erst 1927 eingerichtete Architekturabteilung geleitet, die nun der Stadtplaner Ludwig Hilbesheimer übernahm. Unter Meyer wurde das Bauhaus stärker politisiert. Er legte mehr Gewicht auf soziale als auf ästhetische Fragen und förderte die serielle Produktion preisgünstiger Gebrauchsgegenstände für den Massenbedarf. »Alle dinge dieser welt sind ein produkt der formel: funktion mal ökonomie«, so Meyer. Das Bauhaus wurde auf vier Abteilungen reduziert: Bau, Reklame, Ausbau und Textil. Die politische Linksorientierung Meyers führte zu Spannungen unter den Bauhäuslern, hinzu kam von außen der steigende Druck der politischen Rechten.

Mit der Berufung des unpolitischen Mies van der Rohe zum Direktor 1930 erhoffte man sich eine Beruhigung der Situation. Letztendlich konnte aber auch Mies die Selbstauflösung des Bauhauses unter dem Druck der Nationalsozialisten im Jahre 1933 nicht mehr verhindern. Viele Bauhäusler emigrierten in die USA und verbreiteten die Ideen des Institutes nun in der Neuen Welt.

52   Lehrer auf dem Dach des Dessauer Bauhauses, 1927, Foto von Lucia Moholy. Von links: Albers, Breuer, Stölzl, Schlemmer, Kandinsky, Gropius, Beyer, Moholy-Nagy, Scheper.

Die Weißenhof-Siedlung in Stuttgart –
ein gebautes Manifest

Der Deutsche Werkbund und die Stadt Stuttgart veranstalteten 1927 eine Ausstellung unter dem Titel »Die Wohnung«. Gemeint waren Wohnungen für den »modernen Großstadtmenschen«. Der spektakulärste Teil der Ausstellung umfasste die 21 Musterhäuser nach Plänen von 17 international renommierten Architekten auf dem Weißenhofgelände am Stuttgarter Killesberg. Das städtebauliche Konzept und die künstlerische Leitung lag in den Händen des damals noch relativ unbekannten Mies van der Rohe. Dieser umschrieb sein Ziel folgendermaßen: »Ich war bemüht, das Problem umfassend zu beleuchten und habe darum die charakteristischsten Vertreter der modernen Bewegung aufgefordert, zu dem Wohnungsproblem Stellung zu nehmen.«

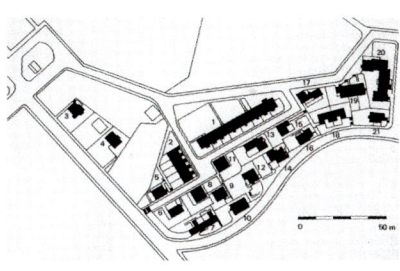

53, 54 Stuttgart, Weißenhof-Siedlung, 1927. Architekten unterschiedlicher Generationen, aus verschiedenen Ländern und mit einem breiten architektonischen Erbe waren an der Planung der Siedlung beteiligt. Bei aller stilistischen Vielfalt wirkte das Ganze letztlich dennoch homogen.

Die Anlage vereint unterschiedliche Haustypen. So baute Mies das die Siedlung beherrschende Mietshaus. Durch die Verwendung einer Stahlskelettkonstruktion zeigte er, dass auch im Geschosswohnungsbau variable Grundrisse möglich sind. Der Holländer Pieter Oud fand Anerkennung für die durchdachten Grundrisse seiner Reihenhäuser, während in der Inneneinrichtung der Stahlrohrfreischwinger »S34« seines Landsmanns Mart Stam gefeiert wurde. Die Häuser von Le Corbusier und Pierre Jeanneret waren Versionen der Maison Citrohan. Walter Gropius experimentierte in zwei Einfamilienhäusern mit unterschiedlichen Graden der Vorfabrikation.

Die äußere Erscheinung der Weißenhof-Siedlung wurde geprägt durch die Staffelung kubischer Baukörper, weißer Fassaden, großer

Fensteröffnungen oder Fensterbänder und Flachdächer. Von der Nazi-Propaganda später als »Casablanca in Stuttgart« verunglimpft, machte die Weißenhof-Siedlung immerhin für einen Moment deutlich, wie die avantgardistische Architektur nach dem Ersten Weltkrieg zu einem internationalen Stil gefunden hatte.

Die Großsiedlungen

Die Mustersiedlung Weißenhof in Stuttgart hatte wie in einem Brennglas gezeigt, welche Lösungen das »Neue Bauen« für den modernen Massenwohnungsbau entwickelt hatte. Nach wie vor aber war das Wohnungsproblem ungelöst und ein Herd für schwelende soziale Konflikte. Um 1920 mangelte es in England an über 1 Million Wohnungen, in Deutschland war der Bedarf fast ebenso groß, in Frankreich sogar noch höher. Abhilfe konnten nur Großsiedlungen schaffen, bei denen industrielle Serienproduktion und Montagebauweise die Baukosten erheblich senkten.

Der leidenschaftliche Sozialist Martin Wagner (1885–1957), Berliner Stadtbaurat von 1926 bis 1933, ließ sich von den Produktionsverfahren der Automobilindustrie inspirieren: »Was Ford in der Automobilindustrie gelang, das ist im Wohnungsbau, insbesondere im Kleinwohnungsbau, bei konsequenter Arbeit im gleichen Maße möglich.« Neben Typisierung und Normierung sollten neue Baumaterialien und Konstruktionen, wirtschaftliche Betriebsführung sowie nicht zuletzt der Einsatz von Baumaschinen bei der Kostenersparnis helfen.

Wagner gründete mit Unterstützung der freien Gewerkschaften

55   Bruno Taut, Martin Wagner, Hufeisen-Siedlung Britz, Berlin, 1925–33. Die Siedlung entstand in sieben Bauabschnitten mit insgesamt 21.374 Wohneinheiten, davon 679 Einfamilienhäuser. Das Zentrum der Anlage bildet eine hufeisenförmig gekrümmte Zeile um einen Teich. Im Westen schließen sich Einfamilienhäuser an, die in Form eines Rhombus um einen Wohnhof gruppiert sind, die anderen Häuser ordnen sich zu langgestreckten Zeilen. Ziel war es, möglichst viel begrünte Freifläche zwischen den einzelnen Häusern zu schaffen, gemäß der Forderung »Licht, Luft und Sonne«.

die gemeinnützige Bauge-
nossenschaft (DEWOG) als
Dachverband. In Bruno Taut
(1880–1938) fand Wagner
einen geeigneten Mitstreiter.
Ihre gemeinsam konzipierte
Hufeisen-Siedlung in Ber-
lin/Britz (1925–33) wurde zu
einem Versuchslabor. Die
Rationalisierung sollte in der
Architektur nicht kaschiert,
sondern ausdrücklich betont
werden.

Loggien und vorgezogene
Treppenhäuser gliedern die
langen, dreigeschossigen
Zeilenbauten, die voneinander durch Anstriche in kräftigen Farben unterschieden
sind. Die Zeilen der Rand-
bebauung waren blutrot gestrichen und erhielten daher
schnell die Spitznamen
»Rote Front« und »Chinesische Mauer«. Wie kein
anderer hat Taut in seiner Zeit die Farbe am Bau und
im Stadtbild propagiert. Alle Häuser in Britz besitzen
Kellerräume, Dachboden mit Trockenräumen, Ofen-
heizung und Mietergärten.

Ernst May (1886–1970) plante als Stadtbaurat zwischen 1925–30 für das Neue Frankfurt mehrere Großsiedlungen mit insgesamt 30.000 Sozialwohnungen.
Zu den bedeutendsten Anlagen, die sich durch ein
beispielhaftes Zusammenwirken von Gelände, Be-
pflanzung und Architektur auszeichnen, gehören die
Römerstadt und die Siedlung Praunheim, beide aus
den Jahren 1927–30. Beim Innenausbau wurde größ-
ter Wert auf effektive Raumnutzung gelegt: Wand-
schränke, Regale, ausklappbare Betten gehörten zur
Serienausstattung ebenso wie die berühmte Frankfurter Küche von Grete Schütte-Lihotzky (1887–2000).

56 Grete Schütte-
Lihotzky, Frankfurter
Küche, 1926. Die Archi-
tektin hatte bereits in
Wien mit Adolf Loos
zusammengearbeitet,
als May sie 1925 nach
Frankfurt holte. In der
nur 1,90 m x 3,44 m
großen Küche waren
Einbauschränke, Arbeits-
platte, Spüle und Herd
so angeordnet, dass sie
einen Wege und Zeit
sparenden Arbeitsablauf
ermöglichten. Das Buch
»Die rationelle Haushalts-
führung« von Ch. Frede-
rich, erschienen 1922,
wurde zu einer Bibel für
die Siedlungsplaner der
zwanziger Jahre.

De Stijl – Rationalistische Bewegung in den Niederlanden

1917 gründete der Maler und Architekt Theo van Doesburg (1883–1931) in Leiden die Künstlerbewegung »De Stijl« und als deren Organ die gleichnamige Zeitschrift. Getragen wurde die Bewegung im Wesentlichen von van Doesburg als Wortführer, dem Maler Piet Mondrian und dem Kunsttischler und Architekten Gerrit Rietveld. »Es gibt ein altes und ein neues Zeitbewusstsein. Das alte richtet sich auf das Individuelle. Das neue richtet sich auf das Universelle«, lautete der erste Artikel im 1918 erschienenen Manifest von De Stijl. Unter dem Eindruck der Kriegsschrecken bemühte sich die Bewegung um eine radikale Erneuerung aller Bereiche der Kunst, deren Grundlage nicht mehr Individualismus, sondern ein objektiver Universalismus sein sollte. Bei der Umsetzung dieser Forderungen in künstlerischen Ausdruck spielte die Malerei Piet Mondrians eine entscheidende Rolle. Beeinflusst vom Kubismus und dem Werk des Philosophen Schoenemaeker, von dem er den Begriff »Neoplastizismus« entlieh, gelangte Mondrian immer mehr zu einer vollkommen abstrakten Malerei aus schwarzen Linien und Farbfeldern, die für ihn Gleichnis einer universellen Harmonie war.

Was Mondrian in der Fläche versuchte, setzten die Architekten von De Stijl in den dreidimensionalen

Raum um. Beeinflusst waren sie von Hendrik P. Berlage, lehnten aber den Expressionismus der Amsterdamer Schule strikt ab. Mit Berlage teilten sie die Bewunderung für das Werk von Frank Lloyd Wright.

Die charakteristische Architektursprache des De Stijl aber wurde von Gerrit Rietveld (1888–1964) geprägt. 1917 entstand sein legendärer »Rot-Blau-Stuhl« und 1923–24 in Zusammenarbeit mit der Innenarchitektin Tulus Schröder-Schräder in Utrecht das Haus Schröder. Stuhl und Haus folgen dem gleichen Prinzip: Beide wurden zuerst in ihre geometrischen Grundelemente zerlegt und dann wieder zusammengesetzt. So wird der Kubus des Hauses aus horizontalen und vertikalen Wandscheiben gebildet, die jeweils im rechten Winkel miteinander verzahnt sind. Im Inneren kann das Obergeschoss durch verschiebbare Wände in ein ununterbrochenes räumliches Kontinuum verwandelt werden.

Mit dem Tod van Doesburgs 1931 löste sich die Bewegung auf. Ihr Einfluss war tiefgreifend, nicht nur auf Mies van der Rohe und das Bauhaus, er reicht bis zu Peter Eisenman und Paolo Portoghesi.

58 Gerrit Rietveld, Haus Schröder, Utrecht, 1923–24, Innenausstattung mit dem berühmten »Rot-Blau-Stuhl«.

Die Modernen des Nordens

Die Entwicklung einer internationalen Moderne, geprägt
durch Rationalismus und Funktionalismus, setzte in
Skandinavien nur zögernd in den zwanziger Jahren ein.
Grund dafür waren die überwiegend bäuerlich-dörfli-
chen Strukturen dieser dünn besiedelten Länder. Ab
1910 kennzeichnet die Architektur ein zurückhaltender
Klassizismus, der in Schweden auch Elemente der Baukunst des 18. Jahrhunderts aufgriff. Der Schwede Carl
Bergstein erkannte bereits 1914, dass dieser nordische
Klassizismus oder – wie er es bezeichnete – die »Neo-
Antike« das entscheidende Fundament für die moderne
Architektur sein würde. Bei seinen beiden Schülern
Gunnar Asplund (1885–1940) und Sigurd Lewerentz
(1885–1975) ist diese Entwicklung deutlich sichtbar.
1915 gewannen sie den Wettbewerb für den Waldfried-
hof Tallum bei Stockholm. Neben der Auferstehungs-
kapelle (1923–25) geht vor allem die Gestaltung der Ge-
samtanlage auf Lewerentz zurück. Bis 1964 hat er an
dieser großartigen Landschaftsarchitektur Schwedens
gearbeitet. Ist die Friedhofskapelle noch dem Klassizismus verpflichtet, so kennzeichnen rationale Formen
Lewerentz' Reichsversicherungsanstalt in Stockholm
(1931–32) und die Villa Edstrand in Falsterbo (1935–36).

Die frühen Bauten Asplunds bestimmt ein span-
nungsvolles Verhältnis aus klassischem Vokabular und
lokaler Tradition. So verbirgt sich bei der Waldkapelle
für Tallum (1918–20) unter dem tief heruntergezogenen

59   Gunnar Asplund,
Krematorium, Tallum/
Stockholm, 1935–40.
Blickpunkt ist die mäch-
tige Vorhalle der Kapelle,
deren schlichte Recht-
eckpfeiler sich in dem
flachen Wasser des da-
vor angelegten Teiches
spiegeln. Architektur und
Landschaft verschmel-
zen in Tallum im Wechsel
der Jahreszeiten zu einer
Einheit, die Frieden und
Erlösung symbolisiert.

60 Alvar Alto, Finnischer Pavillon, Weltausstellung, New York, 1928–29. Die gekurvte und leicht überhängende Holzwand erleichterte die Betrachtung der Fotografien, verbesserte die Raumakustik und war gleichzeitig Bedeutungsträger für das Land, seine Holzprodukte und Landschaftsformen.

Schindeldach im Inneren eine Kuppel. Diese Gegensätze weichen in den dreißiger Jahren einer immer größeren Klarheit. Sein letztes Werk, das 1940 fertig gestellte Krematorium auf dem Friedhof, erreicht einen enormen Abstraktionsgrad, der aber immer noch die klassische Baugesinnung spüren lässt.

Asplund spielte für den Finnen Alvar Alto (1898–1976), den bedeutendsten Vertreter der klassischen Moderne im Norden, die Rolle eines Katalysators. Alto verfolgte wie Asplund zunächst verschiedene Richtungen, aber stets unter neoklassizistischen Vorzeichen. 1927 zog der nach Turku, der zu dieser Zeit kulturell offensten Stadt Finnlands. In den folgenden Jahren erreichten seine Bauten das Niveau und die Ausrichtung der avantgardistischen Strömungen auf dem Kontinent und er fand auch international Anerkennung. 1929–33 entstand das Sanatorium Paimio. Ein rational gegliederter Komplex, dessen einzelne Trakte aber nicht streng rechtwinklig zu einander angeordnet sind, sondern im Sinne eines »psychologischen Funktionalismus« von den Bedürfnissen der Patienten bestimmt werden. Alto konzipierte seine Architekturen immer von der Bauaufgabe her und wählte auch mit diesem Blick Materialien und Konstruktion. Mensch und Natur bildeten für ihn eine auf einander bezogene Einheit. Bei der Villa Mairea (1938–39) ist eine Waldkante der Raumabschluss der nach Südwesten offenen Anlage. Die Architektur Altos unterlag nicht dem Primat des rechten Winkels. Ab den dreißiger Jahren finden sich zunehmend gekurvte Elemente in seinen Bauten. Bei dem finnischen Pavillon für die Weltausstellung in New York 1939 teilte er den rechteckigen Raum mittels einer mehrfach gewellten, leicht geneigten Holzwand. Oftmals wird sein Oeuvre unter dem Begriff des »organischen Bauens« subsummiert. Das kennzeichnet aber nur einen Aspekt seines Werkes, das letztendlich eine Synthese aus Altos eigenwilliger Persönlichkeit, der finnischen Tradition und dem internationalen Funktionalismus ist. Das Spätwerk Altos bestimmt, wie bei Le Corbusier, ein gewisser Hang zur Monumentalisierung entweder geschlossen blockhafter Körper (Rathaus in Säynätsalo, 1950–52) oder plastischer Großformen (Kulturhaus in Helsinki, 1955–53).

Giuseppe Terragni und der italienische Rationalismus

Sowohl die futuristischen Höhenflüge Sant'Elias wie die sich um 1922 formierende Künstlerbewegung »Novecento« – später Novecento Italiano –, die sich einem neuen Klassizismus verschrieben hatte, bildeten die Grundlagen der rationalistischen Architektur Italiens. 1926 gründeten sieben Architekten, alle Absolventen des Mailänder Polytechnikums, die »gruppo 7«. Unter ihnen war auch Giuseppe Terragni (1904–43), der wohl bedeutendste Vertreter des italienischen Rationalismus. Ihr Ideal war eine der Ratio verpflichtete Architektur, geprägt von den neuen Konstruktionsmöglichkeiten, die aber nicht mit den klassischen Wurzeln der italienischen Baukunst brechen sollte. »Unsere Vergangenheit und Gegenwart sind nicht unvereinbar. Wir wollen das Erbe unserer Tradition nicht verleugnen«, hieß es in ihrem Manifest 1926/27. Aus dieser Gruppe ging 1928 die Bewegung M.A.R. (Movimento Architettura Razionale) hervor, die im gleichen Jahr mit einer großen Ausstellung in Rom den Rationalismus erstmals einer breiteren Öffentlichkeit vorstellte.

Ab 1930 nannte sich die Bewegung M.I.A.R. (Movimento Italiano per l'Architettura) und bemühte sich intensiv, die rationalistische Architektur Mussolini als Staatskunst anzutragen. Diese unheilvolle Allianz einer modernen Bewegung mit dem Faschismus ist bis heute schwer verständlich. Zu hartnäckig hält sich die Vorstellung, dass sich der Faschismus nur mit den ewig Gestrigen verbindet. Die italienischen Architekten des Rationalismus weckten wie die Faschisten nationalistische Überzeugungen. Gleichzeitig verbanden sie die Wiederbelebung des klassischen Erbes mit der Forderung nach gesamtgesellschaftlicher Erneuerung. Gerade der theoretische Überbau der modernen Bewegung Italiens, der dem Neuen Bauen in Deutschland fehlte, ermöglichte es Mussolini, sowohl die traditiona-

61 Giuseppe Terragni, Casa del Fascio, Como, 1932–36. Die faschistische Parteizentrale wurde als eindrucksvoller Ort für Massenveranstaltungen konzipiert. Durch die Glastüren, die das Eingangsfoyer von der Piazza trennen, sollten die Massen in die innere »Agora« strömen. Terragni, der von der Idee einer transparenten Architektur besessen war, verwirklichte hier die Vision der Futuristen, die Straße ins Haus hinein zu holen.

listischen Strömungen um Marcello Piacentini (1881–
1960) wie die radikal modernen um Terragni für seine
Zwecke einzusetzen. So verkündete Mussolini noch
auf dem 13. Architekturkongress in Rom 1936: »Wenn
ich von Architektur spreche, so spreche ich natürlich
von moderner Architektur ... von funktioneller Architektur.«

Mit dem Mietshaus Novocum in Como (1927–29)
konnte sich Terragni als Architekt etablieren. Der fünf-
geschossige Wohnblock sorgte für heftige Diskussionen
wegen seiner farbenfrohen Schlichtheit und der gewag-
ten Ecklösung. Terragnis Meisterwerk ist die Casa del
Fascio im historischen Stadtkern von Como (1932–36).
Vom Typus her entspricht sie einem Palazzo, dessen
Räume sich um einen Innenhof gruppieren. Der mit
weißem Marmor verkleidete Bau wurde über einem
Quadrat errichtet und ist halb so hoch wie die Seiten-
längen des Quadrats. Alle vier Fassaden des Baukörpers
sind unterschiedlich, aber nach einem strengen Raster,
ohne jegliches Ornament, gestaltet. Nach Terragnis
Äußerungen sollte dieses Raster sich auf den römischen
Stadtgrundriss von Como beziehen. Der Kontrast von
planen Wandflächen und Hohlräumen, hinter denen
die Fenster liegen, bewirkt ein dramatisches Licht- und
Schattenspiel auf den vier Ansichten.

Der Zweite Weltkrieg und der frühe Tod Terragnis
1943 bereiteten der Bewegung des Rationalismus ein
jähes Ende. Terragnis architektonisches Konzept fand
in den sechziger Jahren in der Architekturszene um
Aldo Rossi seine Fortsetzung, ferner beeinflusste es
die New York Five, insbesondere Peter Eisenman.

Die konstruktivistischen Techniker

Vom italienischen Futurismus stark beeinflusst war der
russische Konstruktivismus. Wladimir Jewgrafowitsch
Tatlin (1885–1953), zunächst vor allem als Maler und
Bühnenbildner tätig, versuchte 1919–20 in seinem
Entwurf für das Denkmal der Dritten Internationale in
Moskau die Bewegung in ein Bauwerk umzusetzen. Er
plante eine 400 m hohe spiralförmige Stahlkonstruk-

Konstruktivismus
Das wesentliche Cha-
rakteristikum des
Konstruktivismus ist
die Sichtbarmachung
des konstruktiven Bau-
skeletts, wobei »alle
Zubehörteile ... zum
Beispiel Wegweiser,
Werbung, Uhren, Laut-
sprecher und sogar
Aufzüge ... integraler
Bestandteil des Ent-
wurfes« sind, wie
El Lissitzsky 1929
forderte.

tion, in der sich vier stereometrische Körper in unterschiedlicher Geschwindigkeit um ihre eigene Achse drehen sollten. Das Ganze blieb ein Modell aus Holz, Karton und Draht, das im Dezember 1920 zuerst in der Leningrader Kunstakademie zu sehen war und dann in Moskau im Haus der Gewerkschaft.

Die neue Architektur sollte funktional sein, beherrscht von den neuen Materialien und der Konstruktion. Tatlins Begriff »Kultur des Materials« wurde ab 1921 von der Bezeichnung »Konstruktivismus« abgelöst. »Nieder mit der Kultur! Lang lebe die Technik! Lang lebe der konstruktivistische Techniker«, lautete der Schlachtruf.

62 Wladimir Tatlin, Denkmal der Dritten Internationale, 1920. Der untere Zylinder der Spirale – in der Entwurfszeichnung noch ein Kubus – war für Kongresse vorgesehen und sollte jährlich eine Umdrehung machen, während die Pyramide darüber für die Komintern einen Monat für eine Drehung benötigt hätte. Der gläserne Zylinder und die Halbkugel an der Spitze mit Presse- und Propagandabüros sollte sich täglich einmal drehen. Das Modell prägte die Vorstellung vom Tatlin-Turm, auch wenn es nicht alle Eigenheiten der Entwurfszeichnungen widergibt.

1924 entwarf El Lissitzky (1890–1941), der an der technischen Hochschule in Darmstadt studiert hatte und Kontakte zur mitteleuropäischen Architektenavantgarde, unter anderem zu den Mitgliedern von DeStijl und Mies van der Rohe, pflegte, zusammen mit Mart Stam (1899–1986) den so genannten Wolkenbügel: Ein auf hohen mächtigen Pfeilern ruhendes weit ausragendes Bürogebäude.

Diese wie viele andere der architektonischen Ideen, die eng mit der Revolution und ihrer neuen staatlichen Ordnung verbunden waren, blieben jedoch in der wirtschaftlich zerrütteten UdSSR Visionen auf dem Papier. Zu den wenigen realisierten Bauten gehörten Konstantin Stepanowitsch Melnikows (1890–1974) sowjetischer Pavillon auf der Pariser Weltausstellung 1925 und sein Arbeiterclub Rusakow in Moskau 1928, aus dessen spitzwinkligem Baukörper die drei Hörsäle im vierten Geschoss weit vorkragen.

Die Entwicklung in den USA

Hatte die Chicago School bereits im letzten Viertel des
19. Jahrhunderts rationalistische Prinzipien vorweg
genommen, so erfuhr der Rationalismus erst Anfang
der zwanziger Jahre durch die Europäer wieder Verbreitung in den USA. Zu Beginn des 20. Jahrhunderts hatte
sich zunächst, trotz innovativer Ingenieurleistungen
im Hochhausbau, ein üppiger Historismus verbreitet,
fern der avantgardistischen Bewegungen Europas.

Die Situation Anfang der zwanziger Jahre veranschaulicht der Wettbewerb für ein neues Verlagsgebäude der
»Chicago Tribune«. Zahlreiche Vertreter des »Neuen
Bauens« nahmen teil in der Hoffnung, endlich ihren
Traum von einem »Turmhaus« zu verwirklichen, das
sich aufgrund der Stadtstrukturen in Europa bis dahin
nicht hatte realisieren lassen. Neben dem Finnen Eliel
Saarinen beteiligten sich Adolf Loos, Walter Gropius
und Adolf Meyer sowie die Gebrüder Taut und Hugo
Häring. Die Auftraggeber aber entschieden sich für den
gotisierenden Entwurf ihrer Landsleute Raymond Hood
(1881–1934) und John Mead Howells. Immerhin erhielt
Saarinen den zweiten Preis für ein von Verzierungen
befreites Projekt.

Hood entwickelte sich in den folgenden Jahren zu
einem der führenden Hochhausarchitekten in den

63 Rudolph Schindler,
Lovell Beach House,
Newport, Kalifornien,
1925–26. Das Haus ruht
auf fünf Betonträgern in
der Form einer Acht, die
das völlig verglaste Obergeschoss tragen. Der
kostenintensive Bau hat
sich als erdbebensicher
erwiesen.

USA. Ende der zwanziger Jahre überwand auch er den
Historismus und nahm vermehrt Elemente der modernen europäischen Architektursprache in seinen Hochhausbauten auf.

Zwei österreichische Emigranten, Rudolph Schindler
und Richard Neutra – geprägt von Otto Wagner und
Adolf Loos und inspiriert von Frank Lloyd Wright –
hatten bereits im privaten Wohnungsbau versucht, den
europäischen Rationalismus zu verbreiten. Rudolph
Schindler (1887–1953) war 1914 nach Chicago gekom-
men und trat 1917 in das Büro von Frank Lloyd Wright
ein. 1925– 26 baute er in Newport, Kalifornien, das
Lovell Beach House für den Arzt Philip Lovell, den Ver-
fechter einer gesunden, modernen Lebensform. Das
Haus besteht aus einer Betonrahmenkonstruktion, in
die Holzdecken in Leichtbauweise eingesetzt wurden.
Von außen wirkt der Bau wie ein komplexes Stecksystem aus unterschiedlichen Schachteln. Im Inneren ent-
faltet sich eine unkonventionelle Raumaufteilung auf
verschiedenen Ebenen, die Anregungen der De-Stijl-
Bewegung und von Loos' Raumplan aufnahm.

Für den gleichen Auftraggeber baute der 1923 aus-
gewanderte Richard Neutra (1892–1970), der eine zeit-
lang mit Schindler zusammenarbeite, 1927–29 das
Lovell Health House in Los Angeles. Er prägte damit

64   Richard Neutra,
Lovell Health House,
Los Angeles, 1927–29.
Der Haupteingang befin-
det sich im obersten
Geschoss mit den Schlaf-
räumen. Das darunter
liegende Hauptgeschoss
birgt Gästezimmer, die
Küche und einen vier-
teiligen Wohnbereich
mit Zugang zum Garten.
Das Haus ist eng mit der
Landschaft verzahnt.

eine ganze Generation von Architekten. Das Haus steht an einem Hang nahe Beverly Hills. Das filigrane Stahlgerüst über einem Unterbau aus Stahlbeton ist teilweise an dem Dachrahmen aufgehängt und wurde in nur 40 Stunden errichtet. Große verglaste Flächen und schmale weiße Betonbänder, die als Fensterbrüstungen, Terrassenüberdachungen oder manchmal auch nur als abstrakte Raumbegrenzungen dienen, charakterisieren den Außenbau. Vergleichbar ist das Lovell House mit den gleichzeitig in Europa entstandenen Villen Le Corbusiers, auch was seine fließende Raumkonzeption angeht. In den dreißiger Jahren perfektionierte Neutra seinen eleganten Stil, der sich durch einfache Formen und ungewöhnliche Materialien auszeichnet.

Mit ihren Wohnbauten öffneten die beiden Emigranten die amerikanische Architektur für die zeitgenössischen, modernen Strömungen aus Europa. 1932 zeigte das Museum of Modern Art in New York die viel beachtete Ausstellung »Modern Architecture: International Exhibition«. In dem zur Ausstellung erschienenen gleichnamigen Buch prägten Henry-Russell Hitchcock und Philip Johnson den Begriff »International Style«, der mit der in Europa gebräuchlicheren Bezeichnung Rationalismus weitgehend übereinstimmt.

Expressionismus

»Die Architektur ist Kunst und sollte die höchste Kunst sein. Sie entsteht aus starkem Gefühl und spricht auch nur zum Gefühl.« Fast könnte man diese Worte Bruno Tauts (1880–1938) aus seiner Schrift »Die Stadtkrone« (1919) zum Glaubensbekenntnis der expressionistischen Architekten erheben. In der Malerei hatte der Expressionismus mit dem Künstlerbund »Die Brücke« und dem »Blauen Reiter« und in der Literatur mit Gustav Scheerbart bereits vor dem Ersten Weltkrieg einen ersten Höhepunkt erreicht. 1919 schlossen sich auf Anregung von Max Pechstein in Berlin nicht nur Maler, sondern auch Architekten, unter ihnen Gropius, Häring, die Gebrüder Taut und Luckhard sowie Mendelsohn und Mies van der Rohe, zu einer radikalen Künstlervereinigung zusammen. Viele von ihnen waren auch in dem politisch ambitionierten »Arbeitsrat für Kunst« – einer Vereinigung von Architekten und Künstlern – tätig, dessen Ziel es war, Volk und Kunst zu einer Einheit zu führen, indem der Künstler zum Gestalter des Volksempfindens wird. Die Forderung, die Architektur, trotz ihrer Gebundenheit an die Funktion des Bauwerks, in den Reigen der Künste aufzunehmen, wurde von den expressionistischen Architekten vehement vertreten. Gropius, der 1919 die Leitung des Arbeitsrats übernahm, beanspruchte sogar »den

65 Bruno Taut, Alpine Architektur, 1919. Hier schwärmte Taut auf zum Teil großformatigen Blättern von der Umwandlung der Natur in Kunst. Die gesamte Alpenkette sollte in eine phantastische Landschaft aus Heiligtümern, Felsendomen und gläsernen Brücken verwandelt werden.

Zusammenschluß der Künste unter den Flügeln der Baukunst«. Ein Postulat, das auch Bruno Taut bereits erhoben hatte. Taut gehörte zu den Ideengebern der expressionistischen Architektur. 1919 ermunterte er zwölf Künstler zu einem anonymen Briefwechsel, bei dem architektonische Ideen, Zeichnungen und Phantasien ausgetauscht werden sollten. Der später hinzugekommene Dichter Alfred Brust erfand den Namen »Gläserne Kette« für die nur ein Jahr bestehende Vereinigung.

Schon im Jahrzehnt vor dem Krieg, aber durch den Weltenbrand verstärkt, entwickelte sich in den zwanziger Jahren eine sehr stark antirationalistische und antitektonische Baugesinnung, die nicht an Zweck und Nutzen als oberstem Prinzip der Architektur interessiert war. Ähnlich wie im Jugendstil träumten die Künstler von einem Gesamtkunstwerk als der Vereinigung aller Künste, das alle Sinne anspricht und Künstler wie Rezipienten gleichermaßen in einen Rausch versetzt, der zur Läuterung des Einzelnen (Katharsis) und zur sozialistischen Erneuerung der Gesellschaft führen sollte – in ferner Zukunft gar zur »Erde als guter Wohnung« (Scheerbart). Die Quellen, aus denen die expressionistischen Baukünstler schöpften, waren die massi-

66 Hans Poelzig, Entwurf für eine Lampe für das Große Schauspielhaus, Berlin, 1918–19. Die Foyers und Umgänge gestaltete Poelzig als dunkle Höhlen, indirekt beleuchtet durch Lichtquellen, die in Palmensäulen versteckt waren. Das Hauptfoyer war grün gestrichen und sollte die aus dem profanen Alltag kommenden Zuschauer in eine mystische Welt entführen.

gen, stereometrischen Baukörper der ägyptischen Architektur, die Lichträume der Gotik, die Exotik des Orients – »Ex oriente lux« betitelte Taut eine seiner Schriften – sowie der Jugendstil.

Die meisten Künstler hatten ihre Wurzeln noch im Jugendstil und fühlten sich Autoritäten wie van de Velde, Mackintosh, Obrist und Olbrich geistig verbunden. Das kulturelle Klima aber hatte sich zwischen der Jahrhundertwende und der Weltkriegszeit erheblich verändert. So wandten sich die expressionistischen Künstler nicht mehr an den feinsinnigen Ästheten, sondern an das Volk. Ferner bezogen sie ihr Formrepertoire nicht mehr aus den weichen Pflanzenformen, sondern aus dem harten Naturmaterial, dem Kristall, dessen scharfe Kanten Licht und Schatten betonen.

Die Modellierung der Architektur mittels des Lichtes wurde zu einem bedeutenden Instrumentarium der expressionstischen Architektur, inspiriert durch die abstrakten Bühnenräume der beiden großen Sceneo-

graphen Adolphe Appia und Edward Gordon Craig.
Die in den zwanziger Jahren in ganz Europa aus dem
Boden sprießenden avantgardistischen Theaterkonzep-
te vom politischen Theater eines Erwin Piscator bis hin
zum »Kunsttheater« Max Reinhardts verlangten auch
nach neuen Theaterräumen. Die Trennung zwischen
Bühne und Zuschauerbereich sollte aufgehoben werden, damit der Zuschauer in das Bühnengeschehen
aktiv einbezogen werden konnte.

So wundert es nicht, dass sich Hans Poelzig (1869–
1936), der führende expressionistische Architekt, gleich
zwei großen Theaterprojekten widmete – für niemand
geringeren als den Theatertitanen Max Reinhardt.
1918–19 baute Poelzig den ehemaligen Zirkus Schu-
macher in Berlin-Mitte zum großen Schauspielhaus
um. Dabei blieben auf Wunsch Reinhardts die längs-
rechteckige, in einen Halbkreis mündende Manege
und der einem Amphitheater nachgebildete Zuschauerraum erhalten, den Poelzig mit einem bizarren Stalak-
titengewölbe überspannte. Auch seine Pläne für ein
Festspielhaus auf einer Anhöhe im Park von Hellbrunn
in Salzburg sahen einen höhlenartigen Zuschauerraum
mit einer mächtigen Kuppel vor, die sich am Außenbau zu einer kristallinen Bergkuppel auftürmen sollte.

67   Michel de Klerck,
Bebauung Spaarndam-
merbuurt, Amsterdam,
1913–21. An der Hem-
brugstraat nahm de
Klerck die Fluchtlinien
zurück, so entstand ein
kleiner Platz, bekrönt
von einem obelisken-
förmigen Turm, der im
Binnenhof des Quartiers
den Point de vue bildet.

Erstaunlicherweise war es aber nicht die extravagante Bauaufgabe des Theaters, die die ersten Formulierungen der expressionistischen Ästhetik bereits vor dem Krieg hervorbrachte, sondern der Industriebau mit seinen ungewöhnlichen Baumassen und ornamentlosen Flächen (Wasserturm in Posen, 1911; Chemiefabrik in Luban, 1911–12, beide von Poelzig) und in den Niederlanden der Wohnungsbau der Amsterdamer Schule mit den beiden Protagonisten Michel de Klerck (1884–1923) und Piet Kramer (1881–1961).

Der ältere de Klerck wuchs als fünfundzwanzigstes Kind eines Diamantschleifers in bescheidenen Verhältnissen auf. Der Aufgabe des Arbeiterwohnbaus fühlte er sich Zeit seines Lebens verpflichtet. An der Spaarndammerbuurt in Amsterdam entstand zwischen 1913–21 für Bahn- und Hafenarbeiter ein ganzes Quartier, das noch heute von dem warmen Rotton der Ziegelfassaden mit ihren vielfältigen Details lebt. »Die unglaubliche Kühnheit im Gebrauch der Materialien, die staunenswerte Detailausbildung beschämen uns und

68 Erich Mendelsohn, Einsteinturm, Potsdam, 1919–21. Ursprünglich sollte der Turm als Stahlbetonkonstruktion ausgeführt werden, der seiner plastischen Expressivität einzig angemessen Konstruktion. Er besteht jedoch in weiten Teilen aus Mauerwerk, das mit einer dicken Zementschicht verputzt wurde, um die Rundungen des Baukörpers zu modellieren. Warum diese konventionelle Technik gewählt wurde, ist unklar. Möglicherweise aber hatten Mendelsohn und die ausführende Firma Dyckerhoff & Widmann die Schwierigkeiten der Verschalung unterschätzt.

erfüllen uns mit Selbstkritik«, schrieb der Freund und Kollege Piet Kramer nach de Klercks Tod. Seine Worte gelten jedoch gleichermaßen für sein eigenes architektonisches Werk, wie der noch zusammen mit de Klerck geplante Wohnkomplex De Dageraaad in Amsterdam (1919–23) beweist. Beide Architekten hatten keine abgeschlossene Architekturausbildung genossen und es scheint ihnen »kein professioneller Lehrer je gesagt zu haben, was möglich ist und was nicht. So setzten sie sich die Grenzen des Möglichen selbst« (W. Pehnt).

Das letztere kann man auch von Erich Mendelsohn (1887–1953) behaupten, der an den beiden renommierten technischen Hochschulen in Berlin-Charlottenburg und München studierte. Vor dem Ersten Weltkrieg baute er so gut wie gar nichts, schuf aber in dieser Zeit und sogar noch während seines Militärdienstes an der Ostfront ein beeindruckendes zeichnerisches Werk. Dort finden sich bereits viele Motive seiner späteren Bauten und der kraftvoll geschwungene Zeichenduktus verdeutlicht bereits die plastische Dynamik seiner Architekturkörper. Mit seinem ersten realisierten Bau, dem Einsteinturm in Potsdam (1919–21), einem Observatorium und astrophysikalischen Institut zur Erforschung von Einsteins Relativitätstheorie, gelang ihm ein Meisterwerk, das ihn mit einem Schlag berühmt machte und zu einer Reihe potentieller Auftraggeber verhalf. Für Gustav Hermann baute er 1920–23 in Luckenwalde die bekannte Hutfabrik mit ihrem steil aufragenden Baukörper und den stark abgeschrägten Dachflächen. Für den Konzern von Salman Schocken errichtete er in Stuttgart ein Kaufhaus. Dort wurde das bei Mendelsohn immer wieder auftretende Motiv des liegenden Fensterbandes zu einem entscheidenden Gliederungselement. Der Bau nähert sich in seiner Gesamterscheinung bereits dem internationalen Stil. 1933 verließ Mendelsohn Deutschland, seine Odyssee führte ihn über London und Israel in die USA. Die Bauten dort erreichten aber nicht mehr die Dynamik seines Frühwerks. Obwohl

69 Fritz Höger, Chilehaus, Hamburg, 1922–24. Den Namen erhielt das Kontorgebäude nach dem wichtigsten Handelspartner Henry Sloman, der aus Chile Salpeter importierte. Das Wappentier Chiles, der Kondor, wurde daher an der Ostspitze angebracht.

70 Dominikus Böhm, Pfarrkirche in Frielingsdorf bei Köln, 1926–27. Wand und Gewölbe verschmelzen hier zu einer Einheit.

fast gleich alt mit Gropius, Mies und Bruno Taut blieb Mendelsohn doch ein Außenseiter, und so fand sich auch erst mit Frank O. Gehry am Ende des 20. Jahrhunderts ein ebenbürtiger Nachfolger, der es mit Mendelsohns plastischen Baukörpern aufnahm.

Anders als in dem international orientierten Berlin fühlte man sich in Hamburg der norddeutschen Backsteintradition verpflichtet. So entwickelte sich nach 1918 in der Hansestadt ein ganz eigener norddeutscher Expressionismus, dessen Wahrzeichen das Chilehaus von Fritz Höger (1877–1949) ist. Es fügt sich in die Tradition der hanseatischen Kontorhäuser ein, war jedoch mit seinen 36.000 qm Nutzfläche 1924 das größte Bürohaus Europas. Seine markante Ostspitze mit dem weit vorkragenden Dach sollte die Assoziation an den Bug eines Ozeandampfers wecken.

Auch in der Sakralarchitektur führten die neuen Ausdrucksmittel zu einer Erneuerung. Insbesondere Otto

Bartnings (1883–1959) Sternkirchen-Entwurf von 1922 setzte ein entscheidendes Zeichen für den protestantischen Kirchenbau. In den Mittelpunkt des Zentralbaus stellte er Kanzel und Altar, wobei er jedoch deutlich zwischen der tiefer gelegenen »Predigtkirche« und der erhöhten »Feierkirche« unterschied. Beide Raumkomponenten sollten von einem einheitlichen Geflecht spitzbogiger Holzbinder überspannt werden. Dominikus Böhm (1880–1955), der Reformer des katholischen Kirchenbaus, hielt hingegen an der Tradition des Weges der Gemeinde zum Altar, als Symbol des Heilsweges, fest. Bei seinen von starker Emotionalität geprägten Kirchenräumen, mystifiziert durch Licht- und Schattenzonen, verschmelzen Gewölbe und Wand immer mehr zu einer nahtlosen Einheit.

Eine Sonderstellung unter den expressionistischen Bauten nimmt Rudolph Steiners zweites Goetheaneum in Dornach bei Basel ein. Es ist ausschließlich von den anthroposophischen Formidealen Steiners geprägt. Für ihn war der Bau ein lebendiges Wesen, ein natürlicher Organismus, der geistige Prozesse und kosmische Gesetzmäßigkeiten spiegelt.

71 Rudolph Steiner, Zweites Goetheaneum, Dornach, 1924–28. »Natur ist weder Kern / Noch Schale / Alles ist sie mit einem Male« heißt es in Goethes naturwissenschaftlichen Schriften, mit deren Edition Steiner sich beschäftigte.

Organische Architektur

Der Begriff des »organhaften Bauens« wurde von Hugo Häring (1882–1958) in den zwanziger Jahren geprägt und in seinen zahlreichen Schriften theoretisch untermauert. Das Konzept verstand sich als ein Gegenentwurf zur rationalistischen Architektur. Häring lehnte es ab, von einer vorgegebenen Form auszugehen wie die Rationalisten von den stereometrischen Grundformen. Die Form musste sich für ihn aus der Bauaufgabe entwickeln.

72 Hugo Häring, Gut Garkau bei Klingberg, Kuhstall, 1924–25. Der russische Maler El Lissitzky und seine Frau besichtigten zusammen mit Häring das Gut Garkau, sie berichtet: »Die architektonische Gestaltung des Gutes war auf den neuen Prinzipien aufgebaut, die von dem Besitzer in Amerika studiert und mitgebracht worden waren. Besonders überraschend neuartig war der große Kuhstall, der in ovaler Form angelegt und derartig mechanisiert war, daß ein einziger Arbeiter eine große Anzahl von Kühen versorgen konnte. Lissitzky war sehr begeistert und beglückwünschte Häring«.

Louis Sullivan hatte bereits 1896 gefordert, dass die Form der Funktion folgen solle. Frank Lloyd Wright fand diesen Ansatz in der Natur bestätigt, wo viele einzelne Teile ein Ganzes bilden. Er »verzahnte« seine Häuser daher aufs engste mit ihrer Umgebung. »In der natur ist die gestalt das ergebnis einer ordnung vieler einzelner dinge im raum in hinsicht einer lebensentfaltung ... wollen wir also formfindung, nicht zwangsform, so befinden wir uns in einklang mit der natur«, schrieb Häring 1925 in »Wege zur Form«. Deshalb muss das Haus auch von innen nach außen, also stets vom Raum her, geplant werden: das Haus als ein »Organ« seiner Bewohner. Die neuen Konstruktionsweisen und

Baumaterialien, Glas, Stahl und Beton, kamen bei den Vertretern der organischen Architektur nur zum Einsatz, wenn sie mit dem Wesen der Bauaufgabe in Einklang zu bringen waren, ansonsten wurden Naturmaterialien bevorzugt und warme, mit der Umgebung harmonisierende Farbtöne bestimmen die oftmals weichen und gekurvten Formen.

Im Gut Garkau bei Klingberg (1924–25) realisierte Häring sein architektonisches Konzept am konsequentesten. Die Anordnung der einzelnen Gebäude folgt keiner geometrischen Norm, sondern einzig dem notwendigen Arbeitsablauf. Besondere Aufmerksamkeit erregte unter den Zeitgenossen der gekurvte Kuhstall mit seinen beidseitig auskragenden Stützen im Inneren, die die leicht nach innen geneigte Decke tragen. Die Deckenneigung ermöglicht zum einen eine bessere Durchlüftung und zum anderen kann das auf dem Heuboden gelagerte Futter direkt auf den Futtertisch in der Mitte des Stalls geworfen werden. Das konstruktive Gerüst des Stalls erinnert an Bahnsteigüberdachungen.

73 Hans Scharoun, Philharmonie, Berlin, 1956–63. Die Zuschauerränge sind in einzelne, unregelmäßige Bereiche aufgeteilt, die sich eng um die Orchestra gruppieren. Die Einzelteile schließen sich unter dem elegant geschwungenen Dach zu einer Einheit zusammen.

Die Ideen Härings hat der gut zehn Jahre ältere Hans Scharoun (1893–1972) in besonderer Weise in seinen Bauten aufgegriffen. Dennoch kann man Scharoun nicht als einen Schüler Härings bezeichnen. In den sechziger Jahren konnte Scharoun einige große Projekte realisieren, bei denen er die Form ganz aus dem Wesen der Bauaufgabe entwickelte. Hierzu gehören insbesondere die Philharmonie (1956–63) und die Staatsbibliothek (1964, 1967–78) in Berlin. Bei den Planungen für die Philharmonie ging es Scharoun zunächst einmal darum, zu erfassen, was in einem Konzertsaal eigentlich vor sich geht, zweitrangig waren die Funktionszusammenhänge. Herbert von Karajan, damaliger Leiter der Berliner Philharmoniker, schrieb in seiner Wettbewerbsbeurteilung: »Dieser Entwurf scheint mir deshalb so glücklich zu sein, weil ein Moment besonders hervorgehoben wird, und das ist die restlose Konzentration der Zuhörer auf das Musikgeschehen.«

Die verwinkelten Grundrisse von Scharouns Entwürfen, die schon in seinen frühen Einfamilienhäusern aus den dreißiger Jahren zu finden sind, aber auch im Deutschen Schifffahrtsmuseum, Bremerhaven (1970–75) und in seinem letzten Werk, der Staatsbibliothek in Berlin, realisiert 1967–78, ermöglichen immer wieder unerwartete räumliche Konstellationen und visuelle Überraschungen, die sich dem Betrachter aber immer erst durch die Bewegungen im Raum erschließen.

Sein Ringen um das Wesen einer Bauaufgabe und sein eigenwilliger künstlerischer Ausdruck sind in seinem Werk eine sehr individuelle Synthese eingegangen.

Zu den Vertretern des organhaften Bauens wird immer wieder der Finne Alvar Alto gezählt. Auch ihm ging es darum, die Gestalt vom Wesen der Bauaufgabe her zu entwickeln, wobei seine Architektur jedoch sehr rational und funktional geprägt ist, dabei aber die psychologischen Bedürfnisse ihrer Nutzer nie aus dem Blick verliert.

Traditionalismus

Aus heutiger Sicht scheint es fast so, als hätte das »Neue Bauen« das gesamte Baugeschehen der Zwischenkriegsjahre beherrscht. In Wirklichkeit machte die rational-funktionale Architektur nur einen kleinen Anteil an der Baukultur aus. Eine weitaus größere Zahl von Architekten suchte eine Erneuerung der Baukunst in Anknüpfung an nationale Eigenheiten und historische Traditionen. Obwohl es auch in anderen europäischen Ländern traditionalistische Strömungen gab, war diese Richtung in Deutschland besonders erfolgreich. Traditionalisten und Avantgardisten arbeiteten jahrelang in verschiedenen Verbänden eng zusammen, so auch im Deutschen Werkbund. Erst in den späten zwanziger Jahren setzte eine stärker auch ideologisch untermauerte Polarisierung ein. Der Traditionalismus entwickelte sich als Gegenpol zum Internationalen Stil.

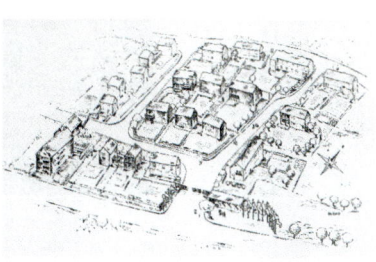

74 Kochensiedlung, Weißenhof, Stuttgart, 1933. Ein wichtiges Anliegen beim Bau der Siedlung war die Verwendung von Holz, »um dem deutschen Holz als Baustoff wieder zu seinem Recht zu verhelfen«. So sind die Fassaden der Häuser zum Teil mit Holz verkleidet, zum Teil verputzt, wobei sich die Fachwerkstruktur unter dem Putz abbildet. Die Grundrisse sind konventionell.

1928 gründeten Paul Schmitthenner (1884–1972) und Paul Bonatz (1877–1956) zusammen mit weiteren konservativen Architekten – unter anderem Paul Schultze-Naumburg (1869–1949) – die Architektenvereinigung »Der Block« als Gegenformation zum avantgardistischen »Ring«. Mit seinen rückwärtsgewandten Postulaten für eine bodenständige, deutsch-nationale Architektur hatte Schultze-Naumburg in seinen »Kulturarbeiten« (1901–17) bereits ein breites Publikum angesprochen. Paul Mebes 1908 erschienenes, vielbeachtetes Buch »Um 1800« zeigte in zahlreichen Abbildungen eine zurückhaltende, klassizistische Architektur, die als »überzeugendes Vorbild in der Erziehung zur Einfachheit« gepriesen wurde. Der Untertitel »Architektur und Handwerk im letzten Jahrhundert ihrer traditionellen Entwicklung« verwies auf eine Erneuerung durch das Handwerk. So bevorzugten die Traditionalisten auch bewährte Baumaterialien. Stahl und Beton wurden lediglich zur Lösung statischer Probleme verwandt.

75 Paul Bonatz, Eugen
Scholer, Hauptbahnhof,
Stuttgart, 1914–28.
Inspiriert wurde Bonatz'
Entwurf von dem monu-
mentalen Bahnhof Eliel
Saarinens in Helsinki
(1910–19), der als
Paradebeispiel für eine
moderne Bahnhofsarchi-
tektur galt.

Schmitthenner und Bonatz, die beiden bedeutendsten
Vertreter der Stuttgarter Schule, die sich an dem Lehrstuhl der dortigen Hochschule formierte, waren federführend am Bau der Kochenhofsiedlung 1933 beteiligt.
Diese war von Anfang an als »Anti-Weißenhof« konzipiert worden, von dem sie nur fünf Minuten entfernt
lag. Es entstanden 24 Einfamilienhäuser und ein drei-
stöckiges Mietshaus. Fachwerkbauweise wurde bevorzugt, alle Häuser haben Satteldächer und Fensterläden.
Das gesamte Areal wird von einer Mauer eingefasst, die
an eine mittelalterliche Stadtmauer erinnert. Alles wirkt
privat, eng und gegeneinander abgegrenzt. Hier wurden noch einmal die Ideale einer bürgerlichen Kultur
beschworen, die in Goethes Gartenhaus in Weimar ein
Vorbild für das deutsche Wohnhaus sahen. Die Kritiker
fühlten sich an »die schönen Bilder unsere Dörfer und
Kleinstädte« erinnert.

Bonatz hatte sich bereits mit dem Bau des Stuttgarter
Hauptbahnhofs (1914–28), zusammen mit Eugen Scholer, einen Namen gemacht. Sie schufen einen streng
gegliederten Bau in einem reduzierten Klassizismus, der
sowohl den funktionalen Anforderungen eines modernen Bahnhofs wie der schwierigen städtebaulichen Situation gerecht wurde.

Ein Außenseiter unter den Traditionalisten war Heinrich Tessenow (1876–1950). Auch er ging von tradierten

Grundtypen und Formelementen aus, bemühte sich aber um eine immer größere Vereinfachung, Vereinheitlichung und Typisierung, die ihn letztendlich zu einer dezidiert »knappen« Gestaltung führte. Wahrheit, Sachlichkeit und Gesetzmäßigkeit schätzte er höher als Innovation um der Innovation willen. Ab 1903 beschäftigte er sich mit dem Kleinwohnungsbau, dem sich die Rationalisten erst ab 1918 systematisch zuwandten. 1909 erschien »Der Wohnhausbau«, in dem er seine Architekturauffassung deutlich formulierte: von den bescheidensten Wohnbedürfnissen müsse die Arbeit des Architekten ihren Ausgang nehmen, wenn er eine Antwort auf die Frage nach der Natur der »Baukunst« finden und ein »allgemeingültiges System der Formen und des Stils« erreichen wolle. Ab Oktober 1909 war Tessenow am Bau der ersten Gartenstadt Deutschlands in Hellerau beteiligt. Seine frühen Entwürfe für eine Reihenhauszeile weisen bereits die für ihn so charakteristischen nackten Putzfronten, die lediglich durch gleiche Fenster- und Türöffnungen rhythmisiert werden, auf. Hinzu kommen zierliche Kletterpflanzengitter und schattenspendende Gartenlauben.

1910–12 entstand die Bildungsanstalt Jacques-Dalcroze für rhythmische Gymnastik in Hellerau mit ihrem unverwechselbaren schlanken Portikus vor dem mittleren Baukörper. Die Architektursprache ist vom Klassizismus inspiriert, aber völlig abstrahiert, ohne Zierat und Pathos. Das gleiche gilt für den Gartenhof der Landesschule Klotzsche bei Dresden (1925–27) mit seinen beiden Pergolen aus Stahlbeton oder für die Umgestaltung der Neuen Wache von Schinkel zu einem Ehrenmal für die Gefallenen des Ersten Weltkrieges (1930–31). Tessenow hatte die Schwelle zu einer »architekturlosen Architektur« erreicht (Martin Wagner), was ihn gerade für die minimalistischen Architekten am Endes des Jahrhunderts wieder interessant machte.

76 Heinrich Tessenow, Entwurf für Zweifamilienhäuser, 1906. Von großer Schlichtheit gekennzeichnet und der Tradition verbunden waren Tessenows Bemühungen um eine Reform des Wohnungsbaus für Arbeiter und Mittelstand.

Anfang der dreißiger Jahre entstanden in Europa vor dem Hintergrund der Weltwirtschaftskrise, schwacher Demokratien und erstarkender faschistischer Ideologien totalitäre Regime, insbesondere in Deutschland unter Adolf Hitler und in Italien unter Benito Mussolini. Ihre kriegstreibende Außenpolitik bestimmte bald das weltpolitische Geschehen. Ende 1929 hatte Josef Stalin seine autokratische Diktatur in der UdSSR endgültig gefestigt. In Portugal errichtete das Salazar-Regime ab 1932 einen Ständestaat nach faschistischem Vorbild, und im bürgerkriegszerrütteten Spanien wurde 1936 General Franco Regierungschef.

Alle diese Regime bezogen sich in ihrer architektonischen Selbstdarstellung auf den Klassizismus der zweiten Hälfte des 18. Jahrhunderts, der sich an antiken Vorbildern orientierte und diese in eine vereinfachende, monumentalisierende Architektursprache übertrug. Obwohl der Klassizismus sich an überzeitlichen Werten orientierte, also ein von Epochen und Nationen unabhängiges Phänomen darstellt, galt er doch den Diktaturen der dreißiger Jahre als nationaler Stil und kam damit ihren ideologischen Vorstellungen sehr entgegen.

Die Architektur diente ausschließlich der Selbstdarstellung des Staates, dem Überlegenheitswahn der eigenen Nation und der Lenkung der Bevölkerung. Die Wahl architektonischer Elemente, die sich an antiken Vorbildern orientiert, und die Verwendung besonders von Stein ist per se nicht ideologisch besetzt, erst ihre Massierung und jedes Maß übersteigende Dimensionierung mit dem Ziel der Einschüchterung und Unterdrückung der Individuen macht sie zu einer faschistischen Architektur.

Deutschland – steingewordene Weltanschauung

Zu keinem Zeitpunkt verfügten die Nationalsozialisten über eine einheitliche Kunsttheorie oder gar über präzise Vorstellungen von einem bestimmten architektonischen Stil. Einig war man sich nur in der Ablehnung der avantgardistischen Kunst sowie der Architektur des »Neuen Bauens«, die als »jüdisch-bolschewistisch«, als

77 Albert Speers »Lichtdom« für den Reichsparteitag in Nürnberg 1936.
Bei den nächtlichen Massenveranstaltungen wurden theatralische Lichteffekte eingesetzt, um eine Traumwirklichkeit zu schaffen, in der die Außenwelt als dunkel und bedrohlich erschien.

»entartet« diffamiert wurde. Im wesentlichen bezog man sich auf die konservative Architektur der Weimarer Republik, die ihre Wurzeln im Klassizismus des wilhelminischen Deutschland hatte, und auf die Heimatschutzbewegung, die ab 1925 unter Paul Schultze-Naumburg stark rassistische Züge angenommen hatte.

Nach der Machtergreifung Hitlers vollzog sich die architektonische Entwicklung in Deutschland in drei Bereichen:

Oberste Bauaufgabe waren die monumentalen Staatsbauten. Schon 1933 entstanden die Parteibauten am Königsplatz und das Haus der Kunst in München von Paul L. Troost. Ab 1934 gestaltete Albert Speer (1905–81) das Zeppelinfeld in Nürnberg für die Massenveranstaltungen der Parteitage. Die Bauten sind von massiver Kompaktheit, sie besitzen nur wenige Gliederungselemente wie Kolonnaden, Portiken und

78 Modell für die neue Achse Berlins, der »Große Platz«, Fassung 1938/39. Bei der Gestaltung der großen Halle hatte sich Speer an Skizzen Hitlers aus den zwanziger Jahren zu orientieren.

steinerne Fensterkreuze. Jedes Gebäude ist in sich symmetrisch gestaltet und streng axial auf seine Umgebung ausgerichtet, so dass starre Bezugssysteme entstehen, die keinerlei Bewegung und Individualität aufweisen. Härte, Disziplin, Wehrhaftigkeit und Dauer sollte die Architektur verkörpern. Dieser Eindruck wurde durch die ausnahmslose Verwendung von Steinplatten oder Massivsteinen entscheidend verstärkt. Dieses in den ersten Repräsentationsbauten verwendete Form- und Materialrepertoire sollte in der Zukunft nur noch in seinen Dimensionen gesteigert werden.

Mit der Konsolidierung der Macht rückte ab 1937 die Neugestaltung der »Gauhauptstädte« in den Vordergrund, vor allem die megalomane Umgestaltung Berlins, des künftigen »Germania«. Planung und Ausführung lagen bei der »Generalbauinspektion«, geleitet von Albert Speer. Die Behörde unterstand direkt Hitler, der sich als Möchtegern-Architekt aktiv in die Planungen einmischte. Signifikantes Merkmal und Rückgrat des neuen Berlin bildete das Achsenkreuz zweier monumentaler Straßen mit dem Schnittpunkt am Brandenburger Tor. Höhepunkt des Größenwahns sollte eine Kuppelhalle für 150.000 Menschen sein.

Den Wohnungsbau beherrschten bodenständige Bauweisen, heimische Materialien und überlieferte Formen.

Hierzu zählten insbesondere das Steildach, das als besonders »deutsch« galt, und Fensterläden als Ausdruck von Idylle und Geborgenheit. Dieser »Heimatschutzstil« der Kleinsiedlungen wurde auch auf Jugendherbergen, Schulen und Kasernen übertragen.

Einzig bei Industrieanlagen, Fabrikgebäuden, Autobahnen und Brücken trat die Propaganda in der Architektur zu Gunsten einer sachlicheren, zweckorientierten Baukunst zurück. Hier lehnte man sich an Formen des »Neuen Bauens« an. Da diese Bauten mehr als Ingenieurleistungen verstanden wurden, waren in diesem Bereich moderne Stahlskelettkonstruktion, Beton und Glas weit verbreitet.

Mit dem Ausbruch des Krieges hatte die Architektur als Instrument der faschistischen Massenmanipulation ihre Schuldigkeit getan. Die von den Nazis geplante Zerstörung der Städte für ihre gigantische Neugestaltung geschah jetzt im Bombenhagel der Alliierten, und so plante Speer bereits ab Oktober 1942 den Wiederaufbau.

Italien – Roma Grande

Anders als in Deutschland konnten sich im faschistischen Italien die beiden konträren Architekturströmungen – moderne Rationalisten und akademische Traditionalisten – bis in die Mitte der dreißiger Jahre fast gleichberechtigt nebeneinander behaupten. Lange hofften die Rationalisten des Movimento Italiano per l'Architettura und die gruppo 7, dass das faschistische Regime ihre architektonische Auffassung zur Staatskunst erheben würde. Denn ebenso wie die aus der Bewegung des Novecento Italiano hervorgegangenen Konservativen bemühten sie sich um eine Neuinterpretation der klassischen Werte, das heißt der Architektur des Römischen Reiches. Genau daher leitete auch Mussolini seinen Legitimationsanspruch ab. 1936 verschärfte sich jedoch die Lage für die meisten Kulturschaffenden, und unter der Führung der beiden Architekten Giovanni Muzio (1893–1982) und Marcello Piacentini (1881–1960) setzte sich der Neoklassizismus als Regimekunst durch.

79   Bruno E. La Padula, Palazzo della Civiltà Italiana, EUR, 1937–42. Die Stahlskelettkonstruktion wurde hinter weißen Marmorplatten kaschiert. Die Bögen haben keine konstruktive Bedeutung mehr, sie sind lediglich Archetypen der römischen Baukunst.

Gebautes Manifest dieser architektonischen Haltung ist die Trabantenstadt E.U.R. bei Rom, Teil der für 1942 geplanten Weltausstellung (Esposizione Universale Roma). Eine eisige Stadtlandschaft entstand. Die Architektur unterscheidet sich jedoch von der naiven Megalomanie eines Albert Speer. Die Gebäude – immer mehr auf reine Volumina reduziert und fokussiert auf historische Anspielungen – erinnern an die Pittura Metafisica eines Giorgio De Chirico.

DDR – Die sozialistische Stadt

»Die deutschen Baumeister stehen vor einer Aufgabe, wie sie in dieser Größe noch niemals für eine Architektengeneration bestanden hat. Es handelt sich ... um die architektonische Rekonstruktion Deutschlands.« Mit diesen markigen Worten umschrieb der Aufbau-

minister Lothar Bolz Anfang der fünfziger Jahre die
neuen Bauaufgaben in der DDR. Ihre Lösung erfolgte
nach den gleichen Prinzipien wie unter den faschistischen Regimen der dreißiger und vierziger Jahre.

Propagandistisches Vorzeigeobjekt für die »sozialistische Stadt« wurde die Stalinallee in Berlin. 1952–58
entstand zunächst zwischen Strausberger Platz und
Frankfurter Tor eine 1,7 km lange und 90 m breite
Prachtachse unter der Federführung von Hermann
Henselmann (1905–95). Der Berliner Volksmund
sprach frech vom »Zuckerbäckerstil«, während die
Bauakademie die geglückte Ablehnung der »formalis-
tischen« Architektur des Westens und die Orientierung an den nationalen Vorbildern wie Schlüter und
Schinkel pries. In Wirklichkeit aber orientierten sich
die Architekten an der stalinistischen Architektur der
dreißiger Jahre. Die Stalinallee ist ein Musterbeispiel
für die »Sowjetisierung« der gesamten Kunst der DDR
in den ersten Jahren des Wiederaufbaus. Mit der Ent-
mystifizierung Stalins wandelte sich nicht nur der
Name in Karl-Marx-Allee (1961), es änderte sich auch
der Baustil. Der 1959 begonnene zweite Bauabschnitt
zwischen Alexanderplatz und Strausberger Platz erfolgte zunehmend in serieller Plattenbauweise. Es gehört zur Ironie der Geschichte, dass die Arbeiter dieses
Vorzeigeobjekts sozialistischer Planwirtschaft entscheidend den Aufstand des 17. Juni 1953 geschürt haben.

80 Ansicht der Stalin-
allee, Block E-Nord, Ent-
wurf Hanns Hopp,
1952/53 fertiggestellt.
Die Wohnblocks sind zur
Mitte hin in die Höhe
gestaffelt. Die beiden
Untergeschosse aus
Werkstein wurden deut-
lich als Sockel des Ge-
bäudes gestaltet, wäh-
rend im Obergeschoss
eine schlanke Pilaster-
ordnung das mächtige
Kranzgesims trägt.

Spätrationalismus

Der Zweite Weltkrieg hatte 55 Millionen Tote gefordert und die Länder Europas, die UdSSR und die japanischen Städte Hiroshima und Nagasaki in Schutt und Asche gelegt. Emigration und Vertreibung lösten gegen Ende des Krieges eine Völkerwanderung aus, die die Landkarte Europas veränderte. Die Welt zerfiel in zwei Machtblöcke, deren Grenze mitten durch Deutschland verlief. Unter Führung der USA sammelten sich die Demokratien mit kapitalistischer Marktwirtschaft, während im Ostblock die UdSSR über die sozialistischen Länder wachte. Im Zuge der antikommunistischen Truman-Doktrin wurde 1947 der Marshall-Plan verabschiedet, der den Wiederaufbau Westeuropas intensiv förderte. Diese Unterstützung belebte rasch die westlichen Volkswirtschaften und führte Mitte der fünfziger Jahre zu einer Reihe von »Wirtschaftswundern«. An diesem Aufschwung war die Bauwirtschaft maßgeblich beteiligt. Aber in welchem Stil sollte man bauen?

Im Westen war der Neoklassizismus durch die Gigantomanie eines Albert Speer oder eines Paul L. Troost in Misskredit geraten. Also knüpfte man an den Rationalismus oder den Internationalen Stil an, der, politisch unbelastet, bereits vor dem Krieg die fortschrittlichen Tendenzen und neuen technischen Entwicklungen vereint hatte. In den USA verhalfen deutsche Emigranten dem Internationalen Stil zu neuer Bedeutung. Walter Gropius und Ludwig Mies van der Rohe prägten als Lehrer an bedeutenden amerikanischen Architekturfakultäten eine ganze Generation junger Architekten.

Jedoch hatte sich in Europa in den Jahren des Wiederaufbaus und des Kalten Krieges die Situation grundlegend verändert. Die eigentlichen Antriebskräfte für das »Neue Bauen«, die Überwindung des Historismus und die Sozialutopien der zwanziger Jahre, waren nicht mehr von Belang. So geschah die Wiederbelebung des Internationalen Stils ohne ein eigentliches Fundament. Die geschwungenen, farbenfrohen Formen des Designs der fünfziger Jahre waren vor allem Ausdruck der Befreiung von den erdrückenden Kriegsjahren.

Die Ostblockländer gingen einen eigenen Weg, insbesondere in den Jahren der Stalin-Diktatur. Sie hielten an einem klassizistisch geprägten Monumentalismus fest. Ein anschauliches Beispiel ist die Stalin-Allee in Ostberlin.

Einer der einflussreichsten Architekten in den Anfangsjahren der Bundesrepublik Deutschland war Egon Eiermann (1904–70). Bei Berlin geboren, studierte er 1923–27 an der Technischen Hochschule in Berlin-Charlottenberg und war Meisterschüler von Hans Poelzig. Nach dem Krieg konnte er wie nur wenige deutsche Architekten unmittelbar an seine Arbeiten der dreißiger Jahre anknüpfen. Die Taschentuchweberei in Blumberg (1949–51) wurde für viele zum Fanal des Aufbruchs. Deutlich zeigen sich bereits

1957
Der Vertrag von Rom begründet die europäische Wirtschaftsgemeinschaft;
der erste Satellit (Sputnik) umkreist die Erde

1958
Die Rock'n'Roll-Welle erreicht in Europa ihren Höhepunkt;
Weltausstellung in Brüssel (Atomium);
Politik der Rassentrennung in Südafrika

1959
Revolution in Kuba unter Fidel Castro;
Frederico Fellinis Film »La dolce vita«

1960
Insgesamt 17 Staaten in Afrika werden unabhängig, Ende der Kolonialherrschaft

1961
Bau der Berliner Mauer

1962
Erster bemannter Weltraumflug der USA;
Beginn der Kuba-Krise

1963
Attentat auf John F. Kennedy;
Nelson Mandela zu lebenslanger Haft verurteilt

1965
Eintritt der USA in den Vietnamkrieg;
Kulturrevolution in China

1967
Sechs-Tage-Krieg zwischen Israel und Ägypten

82 Egon Eiermann/Sep Ruf, Deutscher Pavillon, Weltausstellung in Brüssel 1958. Die Anlage bestand aus acht quaderförmigen Pavillons, die durch überdachte Gänge so miteinander verbunden waren, dass sie einen baumbestandenen Innenhof umschlossen. »Die Haltung der Zurückhaltung« war nach Ernst Johann in »werk und zeit«, erschienen im Juni 1958, das Motto der deutschen Beteiligung.

83 Egon Eiermann, Neubau der Kaiser-Wilhelm-Gedächtniskirche, Berlin, 1957–63. Erst nach heftigen Protesten der Berliner Bevölkerung blieb der schwer beschädigte Turm der wilhelminischen Gedächtniskirche stehen als »Herz Berlins« und Mahnmal gegen den Krieg. Eiermann war dadurch zu einem völlig neuen Entwurf gegenüber seinem eingereichten Wettbewerbsbeitrag gezwungen.

die Charakteristika der Architektur Eiermanns: eine klare und einfache Gesamtform, die sich aus der Konstruktion ergibt, sorgfältige Gestaltung der Details und eine technisch brillante Lösung. Mit den lichtdurchfluteten Pavillons für die Brüsseler Weltausstellung 1958 setzten Egon Eiermann und Sep Ruf (1908–82) ein Zeichen für ein weltoffenes Deutschland. Die filigranen Sonnenschutzelemente, die die großen Glasflächen gliedern, sollten sich zu einem Markenzeichen der Eiermannschen Architektur entwickeln. Beim Neubau der Kaiser-Wilhelm-Gedächniskirche in Berlin (1957–63) griff Eiermann die Pavillonidee wieder auf, schuf jetzt aber einen völlig auf das Innere konzentrierten Kirchenumbau. Turm, Kirche und Kappelle gruppieren sich um die Ruine der Gedächtniskirche. Sie bestehen aus einem sichtbaren Stahlskelett, ausgefacht mit kassettenartig gestalteten Betonelementen, die mit blauen Glasbausteinen und farbigen Einspreng-

seln nach einem Entwurf von Gabriel Loire gefüllt
sind. Die Betonwabenelemente tauchen in späteren
Warenhausprojekten wieder auf. Jetzt aber kaschieren
sie den dahinter liegenden Baukörper. Dieser wird
durch die geschlossene »Haut« aus seiner städtebaulichen Situation herausgenommen. Die aller Orten
gleiche Fassadengestaltung wird zu einem Symbol für
das Warenhaus und wirkt wie ein Plakat. Zu den letzten bedeutenden Bauten Eiermanns zählt die Olivetti-
Hauptverwaltung in Frankfurt, die erst zwei Jahre nach
seinem Tod 1972 fertiggestellt wurde. Einen Flachbau
überragen zwei verglaste Türme, die sich über kelch-
förmigem Schaft erheben.

84   Helmut Hentrich,
Hubertus Petschnigg,
Verwaltungsgebäude der
Phoenix Rheinrohr AG,
Düsseldorf, 1956–60.
Das Bürogebäude be-
steht aus drei schmalen,
gegeneinander verscho-
benen Scheiben, die
einen gemeinsamen Er-
schließungskern besit-
zen. So wurde die Länge
der Flure reduziert.

Zu einer Ikone des deutschen Wirtschaftswunders wurde das Thyssen-Hochhaus in Düsseldorf von Helmut Hentrich (1905–2001) und Hubert Petschnigg (*1913). Es zeigt die zunehmende technische Perfektion in der Architektur, die durch Strenge, Glätte und den Verzicht auf haptische Materialien gekennzeichnet ist. Wichtig wurde seit der Mitte der fünfziger Jahre immer mehr der Wunsch nach flexibler Nutzung. Dies

85   Gio Ponti und andere, Pirelli-Hochhaus, Mailand, 1956–58. Ponti gründete 1928 die noch heute einflussreiche Zeitschrift »Domus«. Neben seinem Hauptwerk, dem Pirelli-Hochhaus, prägte er durch zahlreiche Entwürfe für Gebrauchsgegenstände und Möbel, wie den Super-Leggera-Stuhl von 1957, einen »sachlichen« Stil in Italien.

86   BBPR (Gianluigi
Banfi, Lodovico Barbiano
di Belgiojoso, Enrico Pe-
ressutti, Ernesto Nathan
Rogers), Torre Velasca,
Mailand, 1957–60.
Vertikale Elemente aus
Stahlbeton gliedern den
Baukörper, dessen
sechs obere Büroge-
schosse weit über den
Schaft mit den Wohnun-
gen hinausragen. Das
Auskragen wurde von
den Architekten zwar
funktional begründet, die
plastische Gestaltung
spricht jedoch auch für
formale Beweggründe.

bedingte eine zurückhaltende Raumausstattung aus
leicht zu entfernenden Einbauelementen und die Gestaltung neutraler, oftmals membranartiger Hüllen.

Das charakterisiert auch das erste wirkliche Hochhaus in Europa, den 127,10 m hohen Pirelli-Turm in
Mailand. Er entstand 1956–58 unter der Leitung von
Gio(vanni) Ponti (1891–1979). Das Verwaltungsgebäude
im Zentrum der Stadt zeichnet sich durch eine kühne
Konstruktion aus, an der der Ingenieur Luigi Nervi
(1891–1979) federführend beteiligt war. Die Schmal-
seiten des Gebäudes sind schiffbugförmig zugespitzt
und bewirken so eine dynamische Gesamtform, die
von einer glatten, regelmäßig gestalteten »Fassaden-
haut« gleichsam umspannt wird.

Als Kritik am Internationalen Stil und der von ihm
propagierten Maschinenästhetik wurde fast gleichzeitig
– ebenfalls in Mailand – von BBPR ein weiteres Hochhaus, die Torre Velasca, errichtet. Das Wohn- und Bürohaus spielt mit seinen latent mittelalterlichen Anklän-
gen auf seinen Standort in der Nähe des gotischen
Domes an. Die 1932 gegründete Architektengemeinschaft nahm damit eine zu ihrer Zeit heftig umstrittene
Neuorientierung der Architektur vorweg, die erst in den
siebziger und achtziger Jahren die architektonischen
Debatten wieder bestimmen sollte.

87 Berlin, Märkisches Viertel, 1963–74. Die Wohneinheiten gruppieren sich zu offenen Räumen, eine Reaktion auf die oftmals endlosen Zeilenbauten der fünfziger Jahre. Die hohe Dichte des Quartiers und seine Maßstabslosigkeit lösten heftige Kritik aus.

Stadtplanung im Wiederaufbau

Unmittelbar nach Kriegsende wurde in Europa, insbesondere in Deutschland, eine leidenschaftliche Debatte geführt: Sollte man die historischen Stadtkerne, die mancherorts völlig zerstört waren, wieder aufbauen? Oder sollte man den Wiederaufbau nutzen, um die als unhygienisch und chaotisch verschriene Stadt des 19. Jahrhunderts durch aufgelockerte und dezentralisierte Strukturen zu überwinden, so wie es bereits die Charta von Athen gefordert hatte?

Charta von Athen
Auf dem IV. CIAM (Congrès International d'Architecture Moderne), der auf dem Dampfer Patris II 1933 stattfand, beschäftigten sich die Teilnehmer unter der Leitung von Le Corbusier mit den Fragen der »funktionalen Stadt«. Die Ergebnisse veröffentlichte Le Corbusier zunächst anonym. 1943 erschienen sie unter seinem Namen als Buch mit dem Titel »Charta von Athen«. Die darin aufgestellte Hauptforderung richtete sich auf die Entflechtung und Ordnung der vier wichtigsten Funktionen der Stadt: Wohnen, Arbeiten, Freizeit und Verkehr. Diese Vorstellungen einer »gegliederten Stadt« bestimmten maßgeblich den Städtebau der Nachkriegszeit.

Im Spätsommer 1946 präsentierten Hans Scharoun und sein Planungsteam den berühmten Kollektivplan für Berlin. Er orientierte sich an den städtebaulichen Leitlinien der Charta, aber auch an der in den letzten Kriegsjahren entstandenen Studie von Hubert Hoffmann und Roland Rainer »Die aufgelockerte und gegliederte Stadt«. Für Scharoun sollte das neue Berlin die Ideale der Gartenstadt und die der Bandstadt miteinander verbinden. Der Kollektivplan sah vor, die gesamte Stadtfläche mit einem gleichmäßigen – aber nicht streng orthogonalen – Netz autobahnähnlicher Straßen zu überziehen. Das Straßensystem ist das entscheidende Mittel zur städtebaulichen Gliederung. Die Stadt wird als ein organisches Ganzes betrachtet, das sich aus gleichwertigen Elementen zusammensetzt bis hin zur Wohnung als kleinster städtebaulicher Einheit. Dies bedeutet eine Entlastung der Innenstadt und eine stärkere Aufwertung der einzelnen Stadtteile. Der Kollektivplan ist die Antithese zur Stadt des 19. Jahrhunderts. Realisiert wurde er nicht. Der Architekt Hans Henselmann erinnert sich: »Doch mitten in der Phase produktiver Diskussionen [um den Kollektivplan] erschienen eines Tages zwei amerikanische Offiziere bei Scharoun und erklärten: ›Dieses Berlin wird es niemals geben.‹ Da war Scharoun ziemlich entsetzt ... und die Amerikaner erklärten: ›Dieser Plan setzt sich über allen erklärten Grundbesitz hinweg, und das werden wir niemals zulassen. Ein Antasten des Privatbesitzes wird es in den westlichen Besatzungszonen nicht geben.‹«

In den ersten Jahren nach dem Krieg konzentrierte man sich darauf, möglichst schnell preisgünstigen Wohnraum zu schaffen und griff dabei zunächst auf Vorkriegskonzepte zurück. Formal lehnte man sich an die nüchterne, rationalistische Architektursprache der zwanziger Jahre an, die aufgrund von einfachen, standardisierten Elementen preiswerte Serienproduktion erlaubte. Um aus dem Baugrund maximalen Profit zu schlagen, wurden die oftmals spartanischen Grundrisse für das Existenzminimum aus den Vorkriegsjahren übernommen. Auf groß-

88 Emile Aillaud, Siedlung Pantin-les-Courtilières bei Paris, 1954–59

89 Jean Renaudie, Stadtkern von Ivry-sur-Seine, Paris, 1969–72. Die extreme Verschachtelung und die spitzwinkligen Formen waren eine Reaktion auf die einfallslosen längsrechteckigen Grands Ensembles.

zügige Grünflächen und Gemeinschaftseinrichtungen aber verzichtete man. Die sozialen Ideale eines Ernst May oder Bruno Taut waren verloren gegangen. Profit war im Wirtschaftsaufschwung der fünfziger Jahre die oberste Maxime, und so ist der Wohnungsbau dieser Zeit großenteils ein dunkles Kapitel. Aufgrund der Bodenspekulation entwickelten sich in den Industrienationen die Innenstädte immer mehr zu reinen Büro- und Geschäftszentren, während sich das Wohnen an die Stadtränder verlagerte, die wiederum unkontrolliert wuchsen. An dieser fatalen Entwicklung leiden bis heute viele große, aber auch kleinere Städte. In den USA war die Entwicklung extrem. Mitte der fünfziger Jahre lebten bereits 75 Prozent der Bevölkerung in ausgedehnten Suburbs. Riesige Highways durchschnitten die Städte, um den Pendlerverkehr zu bewältigen.

In Europa war der spätrationalistische Wohnungsbau vor allem in Deutschland und Frankreich stark ausgeprägt. In Westdeutschland war der Wohnungsbedarf auch wegen der großen Zahl an Flüchtlingen aus dem Osten enorm gewachsen. Es entstanden Retorten-Städte auf der grünen Wiese mit einer eigenen Infrastruktur. 1959 begannen Walter Wagenscheid und Tassilo Sittmann den Bau der Frankfurter Nordweststadt. Ab 1963 beschäftigten sich Werner Düttmann, Georg Heinrichs und Hans C. Müller mit dem Bau des Märkischen Viertels in Berlin für insgesamt 60.000 Einwohner.

In Frankreich hatte ein starker Zuzug in die wenigen Großstädte des Landes begonnen. Die Regierung versuchte, mit so genannten Grands Ensembles, riesigen Wohnquartieren mit über 1.000 Wohneinheiten an den Stadträndern, das Problem zu lösen. Im Großraum

Paris ging man aber ab der Mitte der sechziger Jahre dazu über, alte Orte neu zu beleben, um Arbeiten und Wohnen wiederzuvereinen und so den Druck auf die Metropole zu verringern. 1969–72 strukturierte Jean Renaudie das Zentrum von Ivry-sur-Seine bei Paris neu.

Brutalismus

Bereits Anfang der fünfziger Jahre setzten unter jüngeren Architekten Bestrebungen ein, die sich gegen eine zunehmend emotional unterkühlte Architektur wandten. Sie basierten nicht zuletzt auf einem Gefühl der Stagnation, zum einen bedingt durch die ersten Krisen der Bauwirtschaft, zum anderen durch das Gefühl der Ohnmacht der jüngeren Architektengeneration gegenüber den wohletablierten älteren Kollegen.

Die Bauten sollten wieder an Körperlichkeit gewinnen. Nicht mehr die Gesamtform sollte das Entscheidende für die Gestaltung sein, sondern aus den Teilfunktionen sollten sich spezifische Gebäudeformen entwickeln. Nicht mehr glatte, glänzende Oberflächen waren gefragt, bevorzugt wurden vielmehr raue Strukturen, insbesondere grobkörniger Beton und unregelmäßig geformte Ziegel. Im Freundeskreis um das englische Architektenehepaar Alison (1928–93) und Peter Smithson (*1923) wurde der Begriff »New Brutalism« geprägt. Er war jedoch zunächst eher Ausdruck für eine allgemein vorhandene Stimmung. Es ging den Smithsons nicht um eine neue Ästhetik, sondern um eine ethische Haltung, darum, »die Wirklichkeit objektiv zu sehen«.

Vorbilder waren die kompromisslose Architektur Mies van der Rohes und das plastische, vom Béton brut geprägte Spätwerk Le Corbusiers. Rudolf Wittkowers Buch »The Architectural Principles in the Age of Humanism«, erschienen 1949, übte eine große Wirkung auf jüngere Architekten aus, die nun begannen, sich mit der Theorie und den Werken Palladios zu beschäftigen.

Als erstes Beispiel des New Brutalism gilt die von Alison und Peter Smithson entworfene Hunstanton School in Norfolk. Der Komplex gruppiert sich um eine

90 Alison und Peter Smithson, Hunstanton School, Norfolk, 1949–54. Reyner Banhamer schrieb 1966 in seiner grundlegenden Untersuchung zum Brutalismus: »Hunstanton ist für die Leute so anstößig, weil es als nahezu einziges modernes Bauwerk tatsächlich aus dem gemacht ist, aus dem es gemacht zu sein scheint.«

Die Entstehungsgeschichte des Begriffs **»New Brutalism«** ist verworren. Sein Schöpfer ist wahrscheinlich Hans Asplund. Er bezeichnete 1950 einige seiner schwedischen Architektenfreunde als »Neobrutalisten«. Diese wiederum brachten den Begriff nach England, wo sich unter jüngeren Architekten die Bezeichnung »The New Brutalism« schnell verbreitete. Besonders auf die architektonischen Vorstellungen der Smithsons von einer »ehrlichen« Architektur schien dieser Begriff zu passen. Hinzu kam, dass Peter Smithson unter Freunden als Brutus bekannt war. So entstand die Formel: Brutalismus = Brutus + Alison.

zentrale Halle und besitzt zwei seitlich angrenzende Höfe. Die Konstruktion besteht aus Stahltragwerk, das mit Glas und Ziegeln ausgefacht ist. Die Materialien wurden mit einer bis dahin nicht gekannten »Ehrlichkeit« verwandt. Es gibt keine eleganten Details. Rohre, elektrische Leitungen und andere technische Einrichtungen blieben unverkleidet. Die Direktheit und Strenge des Bauwerks erregte weltweite Aufmerksamkeit.

Aus dem englischen »New Brutalism« entwickelte sich ab 1958 eine internationale Bewegung. Sie empfing entscheidende Einflüsse aus der abstrakten, expressiven Malerei des Amerikaners Jackson Pollock und der Art-brut-Kunst des Franzosen Jean Dubuffet. Die kompromisslose Materialschau verband sich im Bauen zunehmend mit komplexen Formen, die bewusst auf Symmetrien verzichteten. Plastisch reich gegliederte Anlagen basierten allein auf der Topographie des Geländes und den inneren Funktionszusammenhängen. Ein Beispiel dafür ist die Wohnanlage Park Hill in Sheffield (1955–61) von Jack Lynn und Ivor Smith.

Die brutalistische Bewegung verlor jedoch gegen Ende der sechziger Jahre zunehmend den Bezug zu ihren Wurzeln und der ihr eigenen Ethik. Am Ende entstanden mitunter maßstabslose Bauvolumen, manieristische Formexzesse und eine oberflächliche Materialschau.

Amerika zwischen Monumentalität und post-mies'scher Glasarchitektur

Nach dem Zweiten Weltkrieg gewannen die USA nicht nur politisch und wirtschaftlich weltweit an Einfluss, sondern erstmals auch auf dem Gebiet der Architektur. Es war eine Ironie der Geschichte, dass der von Immigranten wie Walter Gropius und Mies van der Rohe geprägte »International Style« mit seinen vorgehängten, streng gerasterten Fassaden die Hochhausarchitektur der Nachkriegsjahre prägte und – trotz seines europäischen Ursprungs – als »amerikanisches Vorbild« seinen Siegeszug um die Welt antrat.

An die Stelle der steinernen Lochfassaden traten nun gläserne Fassadenteile, die vor das tragende Stahl- oder Betonskelett gehängt wurden. Diese standardisierten Vorhangelemente und die gleichförmige Rasterstruktur, in die sie eingefügt wurden, vermittelten den Eindruck von Sachlichkeit, Transparenz, aber auch von Eleganz und Leichtigkeit. Gläserne Hüllen erfordern im Inneren ambitionierte klimatechnische Lösungen, von der Wärmeschutzverglasung bis hin zu den heutigen hinterlüfteten Doppelfassaden, ohne die ein Hochhaus nicht wirtschaftlich wäre.

Das Büro von Skidmore, Owings & Merrill (SOM) entwickelte sich zu einem der führenden Hochhausspezialisten in den USA. Der Durchbruch gelang mit dem Lever House in New York (1950–52). Im orthogonalen Fassadenraster des Curtain wall halten sich horizontale und vertikale Linien die Waage. Die Fassadenflächen wirken somit richtungslos und neutral.

Eine wichtige konstruktive Neuerung wurde im John Hancoock Center in Chicago (1965–70) erstmals eingesetzt:

91   Skidmore, Owings & Merrill, Lever House, New York, 1950–52. 1936 gründeten Louis Skidmore (1897–1962) und Nathniel Owings (1903–84) in Chicago ein Architekturbüro, 1937 ein weiteres in New York. 1939 stieß John Merrill (1896–1975) dazu. SOM erprobte völlig neue Organisationsformen wie Teamwork und Arbeitsteilung, wobei der einzelne Mitarbeiter anonym blieb. So war es möglich, die Bautätigkeit enorm zu steigern und auf hohem technischem Niveau zu halten. SOM entwickelte sich zu einem Großunternehmen und führte als eines der ersten Büros Computer in allen Arbeitsbereichen ein.

92   Eero Saarinen and Associates, TransWorld Airlines Terminal, John F. Kennedy International Airport, New York, 1956–62. Die Überdachung des Hauptbaus schwingt nach oben, gleicht den Flügeln eines Vogels, während die Stützen nach innen gesetzt sind und die »spitzschnablige« Überdachung des mittleren Teils hervorragt. Die plastische Gestaltung bei Saarinens Bauten hat sicher ihre Wurzeln in seiner bildhauerischen Ausbildung, die er 1929/30 an der Académie de la Grande Chaumière in Paris absolviert hatte.

Die Aussteifung übernehmen hier diagonale Streben an der Außenhaut. Dies bedeutete eine Verringerung des Stahlbedarfs. SOMs härteste Konkurrenten waren die Büros Hellmuth Obata & Kassabaum (HOK) in St. Louis und Candill Rowlett Scott (CRS) in Houston.

Parallel zur Verbreitung der post-mies'schen Glasarchitektur zeichnete sich vor allem im Bereich des Museums- und Universitätsbaus ein neuer Trend zur Monumentalität ab. Diese Strömung verdrängte langsam die sozialreformerischen Bestrebungen des New Deal und wurde gespeist aus Amerikas erstarkendem Status als Weltmacht, aber auch aus einer allgemeinen kulturellen Unsicherheit am Ende des Krieges. Sigfried Giedions 1944 erschienenes Buch »The Need for a New Monumentality« setzte sich eindrucksvoll mit den wachsenden Bedürfnissen nach monumentalen Ausdrucksformen auseinander. Das Thema wurde erneut 1950 in der ersten Ausgabe der einflussreichen Architekturzeitschrift »Perspecta« der Yale University aufgegriffen.

Basis für die neue Monumentalität war die rationalistische Architektur der »Großen Meister«, aber wie bei den spätrationalistischen Tendenzen im Nachkriegseuropa fehlte der Rigorismus eines Mies van der Rohe ebenso wie die sozialkritische Ausrichtung. Die Ansätze beschränkten sich auf formalästhetische Lösungen. So weisen die Œuvres der Architekten nicht selten unterschiedlichste Stilmittel auf.

Besonders auffällig ist dieser Manierismus bei Philip Johnson (*1906). Von Hause aus Historiker und Philosoph, fand er über die Kunstgeschichte zur Architektur. Eines seiner ersten Gebäude war ein kleines Glashaus in New Canaan, Connecticut (1949). Es ist unzweifelhaft von Skizzen Mies van der Rohes für Haus Farnsworth beeinflusst, das aber erst 1945–50 in Illinois entstanden ist. Jedoch zeigt Johnson bei aller Perfektion im Detail keinerlei Interesse an der konstruktiven Lösung als dem bestimmenden Element des Hauses. Wie die Glaswände und der geschlossene Zylinder im Inneren ist auch die Konstruktion ein formaldekoratives Element. Trotz aller Transparenz erhebt der kleine Bau einen monumentalen Anspruch und ist eine klare Absage an die »Ehrlichkeit« der Rationalisten. Deutlich wird dies auch bei der Port Chester Synagoge in New York (1954–56) und dem New York State Theater (1960–64). Johnsons ästhetische Verfügbarkeit wird anschaulich, wenn man bedenkt, dass er fast gleichzeitig mit Mies am puristischen Seagram Building (1979–84) arbeitete und Ende der siebziger Jahre mit dem AT&T Building in New York eine Inkunabel der postmodernen Architektur der USA schuf.

Ein ebenso experimentierfreudiger Manierismus findet sich im Werk des Finnen Eero Saarinnen (1910–61), der 1923 mit seinen Eltern in die Neue Welt emigrierte. Gemeinsam mit seinem Vater Eliel baute er 1948–56 das General Motors Technical Centre in Warren, Michigan.

93 Louis I. Kahn, 1901–74. 1905 wanderte er mit seinen Eltern von der estländischen Insel Osel in die USA aus. Der Vater war Kunsthandwerker, die Mutter Harfinistin. 1920–24 studierte er an der Universität von Philadelphia bei dem französischen Architekten Paul Cret noch ganz in der Tradition der École des Beaux-Arts. Prägend war für Kahn ein einjähriger Aufenthalt an der American Academy in Rom (1950/51). Das Studium der antiken Architektur weckte in ihm das Gespür für den Stein und massige Bauweisen. Gleichzeitig begriff er die Verankerung auch seiner Kultur in den Werten der Klassik.

Die um einen künstlichen See gruppierten quaderförmigen Baukörper aus Stahl und Glas sind deutlich von Mies' Illinois Institute of Technology in Chicago beeinflusst. Diese puristische Phase wich aber bald einer plastisch-bildhaften Gestaltung der Baukörper. Das Dach des Dulles Airport Terminals, Chantilly, Virginia (1958–63), wurde mit einer aufgespannten Hängematte verglichen, während der TransWorld Airlines Terminal am New Yorker Flughafen John F. Kennedy einen zum Flug ansetzenden Vogel symbolisiert. Ebenso erfolgreich betätigte sich Saarinen als Designer mit seinen aus Polyester geformten »Tulpenstühlen« von 1956.

Wie kein anderes Werk aber prägte jenes des Emigranten Louis I. Kahn (1901–74) die Architektur der sechziger und siebziger Jahre. Man kann ihn nicht als Eklektizisten bezeichnen, auch wenn seine Bauten unübersehbar Anklänge an andere Epochen aufweisen. Ausgehend vom Spätwerk Le Corbusiers, war sein Schaffen durch seine starke, wenn auch widersprüchliche Persönlichkeit geprägt. Bauen war für Kahn stets ein geistiger Prozess, bei dem vor der ersten Skizze zunächst die innere Vorstellung vom »Wesen« einer Bauaufgabe reifen musste. Kahn sprach vom »existence will« (Daseinswillen), einer für ihn objektiven, für jede Bauaufgabe verbindlichen Wahrheit. Dieser allgemeingültige Wesenszug einer Bauaufgabe nahm dann im Entwurf langsam Gestalt an und unterlag persönlichen und zeitbedingten Einflüssen. Ähnliche Gedanken bewegten auch Hugo Häring und Hans Scharoun.

Entscheidend für Kahn war nicht das tragende Gerüst, sondern – wie für Johnson – die Behandlung der Oberflächen, die als begrenzende Elemente den Raum definieren. Dabei war nicht nur die Materialwahl wichtig, sondern auch die Technik. Kahn bevorzugte deshalb sichtbares Backsteinmauerwerk. Beim Salk-Institute for Biological Studies in La Jolla, Kalifornien (1959–65), stapelte er Kuben aus Stahlbeton zwischen geschoss-hohe Wände. Die Zwischenräume wurden mit Glas und Ziegeln ausgefüllt.

Was sein Verhältnis zur Funktion betraf, so wandelte er den legendären Satz von Sullivan um in »form evokes function«. Ein Gebäude, das nur funktioniert, war für ihn kein Gebäude. Deutlich unterschied er zwischen »dienenden« und »bedienten« Räumen. Beim Medical Research Building der University of Pennsylvania in Philadelphia (1957–64) werden die Laboratoriums-blöcke gleichsam von dazwischengeschobenen Türmen »bedient«, in denen Treppenhäuser und Klimaanlagen untergebracht sind. So bleiben die im Grundriss qua-dratischen Labors von Einbauten frei.

Die »Dritte Welt« gab Kahn schließlich die Chance, seine architektonischen Vorstellungen in komplexen und großmaßstäblichen Bauaufgaben – ähnlich wie Le Corbusier mit Chandigarh, Indien – zu verwirk-lichen. 1962 begannen die Planungen für das Regie-

94   Louis I. Kahn, First Unitarian Church, Rochester, New York, 1959–67. Der Außenbau wird von stark modulier-ten Oberflächen geprägt. Lichtschlitze schaffen im Inneren eine mystische Atmosphäre. Räume zu gestalten bedeutete für Kahn, ganz im Sinne von Le Corbusier, das »Spiel der Form mit dem Licht«.

95 Louis I. Kahn, Medical Research Building, University of Pennsylvania, Philadelphia, 1957–61. Die »bedienenden« Türme sind gänzlich geschlossen und erinnern an mittelalterliche Wehrtürme, während die Laborblocks weitgehend verglast und somit transparent sind. Rationalistische, futuristische und mittelalterliche Elemente gehen hier eine ganz eigenwillige Symbiose ein.

rungsviertel von Dakka, Bangladesch, errichtet wurden die meisten Bauwerke aber erst nach Kahns Tod. Die festungsartig geschlossenen Baukörper haben ihre Vorbilder in der römisch-antiken Architektur, interpretieren sie aber neu im Sinne eines stark abstrahierten Historismus.

Kahn wurde zu einer Gallionsfigur jener amerikanischen Architektur, die eine neue Formensprache vom späten International Style über den Brutalismus gefunden hatte. Er prägte so unterschiedliche Persönlichkeiten wie Aldo Rossi, Mario Botta und James Stirling. Gleichzeitig beflügelte sein architektonisches Erbe derart gegensätzliche Positionen wie jene der Postmoderne und der »Architettura Razionale«.

Brasilia – letzte Bastion der internationalen Moderne

Nicht zuletzt durch das einflussreiche Buch »The International Style« von Philip Johnson und Russel Hitchcock (1932) verbreitete sich der Internationale Stil auch außerhalb Europas und Nordamerikas. In Brasilien verbindet sich mit der Bewegung der klassischen Moderne vor allem der Name Oscar Niemeyers (*1907). Der heute fünfundneunzigjährige Architekt studierte an der Escola Nacional de Belas Artes in Rio de Janeiro, ab 1935 arbeitete er im Büro des Stadtplaners Lúcio Costa (1902–98). Dieser hat entscheidend zur Verbreitung der avantgardistischen Architektur Europas der zwanziger und dreißiger Jahre in Brasilien beigetragen. Vor allem nach der Revolution von 1930 avancierte die moderne Architektur zu einem Anliegen der nationalen Politik. Dank der Vermittlung von Costa wurde Niemeyer in den Planungsstab um Le Corbusier aufgenommen, der 1936–43 das Erziehungs- und Gesundheitsministerium in Rio baute.

Der Einfluss des Schweizers ist unverkennbar im Werk Niemeyers. Jedoch geht er viel weiter in der plastischen Gestaltung seiner Baukörper. Dabei treten gekurvte Formen gleichberechtigt neben streng rationale. Insbesondere dieses spannungsreiche Verhältnis prägt seine baulichen Ensembles. Der spielerische Umgang mit Volumina hat bei Niemeyer mehrere Wurzeln: zum einen in seiner Begeisterung für den überbordenden hispanischen Barock, zum anderen in den Fluss- und Berglandschaften Brasiliens.

Von 1956 bis 1961 war Niemeyer Chefarchitekt der neuen Hauptstadt Brasilia. Den Gesamtplan entwarf Lúcio Costa. In diese Hauptstadtplanung flossen die Grundsätze der Charta von Athen genauso ein wie die Konzepte Le Corbusiers für die Ville radieuse (strahlenförmige Stadt) und die Ville verte (grüne Stadt), weiterhin die Idee der amerikanischen Nachbarschaftseinheiten und nicht zuletzt perspektivische Achsen, wie sie bereits Georges-Eugène Haussmann im 19. Jahrhundert für die Neustrukturierung von Paris eingesetzt hatte.

96   Oscar Niemeyer, Kongressgebäude, Brasilia, 1958–60

97 Oscar Niemeyer, Denkmal für Lateinamerika, Parlamentsgebäude, Sao Paulo, 1989–92. Wie die flüchtige Skizze einer schwebenden Möwe setzt sich die Überdachung des Haupteingangs von dem dunkel verglasten zylindrischen Baukörper ab.

Die Anlage kulminiert im Kongressgebäude am Platz der Drei Gewalten. Dieser Bau bildet gleichzeitig den Endpunkt einer der beiden Achsen, die die Stadt rechtwinklig durchschneiden. Der langgestreckte Hauptbaukörper liegt in einer leichten Senke. Vom Straßenniveau führt eine breite Rampe auf das flache Dach, das als Besucherterrasse dient. Zwei große plastische Objekte ziehen hier die Aufmerksamkeit auf sich: eine Halbkugel und eine Schale, unter denen sich die Kuppeln für den Plenarsaal des Senates und des Abgeordnetenhauses verbergen. Hinter diesem Baukörper, in der Achse der Rampe, ragen zwei schlanke Türme empor. Dort sind die Büros der obersten Verwaltungsbehörden untergebracht. Die beiden Türme sind das weithin sichtbare Zeichen Brasilias.

Während des Militärregimes 1964–85 war Niemeyer zeitweise im Exil und leitete seine Projekte von Paris aus, so den Neubau der Universität von Constantine in Algerien (1969–77) und das Kulturzentrum in Le Havre (1972–82). Eines seiner letzten Werke, das Denkmal für Lateinamerika in Sao Paulo mit den umstehenden Bauten (1989–92), zeigt immer noch die enorme skulpturale Kraft seiner Architektur, wie sie heute nur bei Frank O. Gehry zu finden ist.

Strukturalismus

Der architektonische Strukturalismus war ein weiterer
Versuch, den Spätrationalismus zu überwinden. Diese
Bewegung blieb aber auf die Niederlande beschränkt
sowie auf den Kreis der beiden Protagonisten Aldo van
Eyck (*1918) und Herman Hertzberger (*1932). In der
von van Eyck und anderen 1959–62 herausgegebenen
Zeitschrift »Forum« wurden die grundlegenden Anliegen der Bewegung erläutert: »Mir [van Eyck] scheint,
daß Vergangenheit, Gegenwart und Zukunft im Inneren unseres Geistes als Kontinuum wirken müssen.«
In Anlehnung an die strukturalistische Philosophie, die
von »Grundstrukturen« hinter allen kulturellen Pro-
zessen ausgeht, sahen van Eyck und seine Anhänger
auch objektive Strukturen von Formen in der Architektur, die gleichsam als Archetypen die Geschichte der
Baukunst durchziehen. Entwerfen ist also wie schon
für Le Corbusier, die Smithsons und für Louis I. Kahn
nichts anderes als die Suche nach diesen archetypi-
schen Lösungen.

1955–60 baute Aldo van Eyck das städtische Waisen-
haus in Amsterdam. Aus vielen einzelnen »Zellen«
wurde der gesamte Komplex zusammengesetzt. Die
Grundeinheit ist ein quadratischer, von einer Flachkup-
pel überwölbter Raum. Anstelle fließen-
der Großräume entstanden individuell
zu gestaltende Einheiten in einer nicht
hierarchischen, vielschichtigen Ordnung, in »labyrinthischer Klarheit«.
Hierin lag auch die Hauptkritik am
Rationalismus. »Wir müssen Häuser
bauen, die auf besondere Weise gleich-
artig sind, so daß jeder seine eigene
Interpretation ... einbringen kann«,
schrieb Herman Hertzberger 1963.

1967–70 entstand sein Bürogebäude
für die Versicherung Centraal Beheer
in Apeldorn. Die Struktur bilden eine
Vielzahl von Einzelbüros, die über
Brücken miteinander verbunden sind.

98 Herman Hertzberger,
Verwaltungsgebäude
Centraal Beheer, Apel-
dorn, 1968–72. Der
Komplex besteht aus
einer Aufschichtung von
Kuben. Jeder Angestellte
erhält eine eigene »priva-
te Insel« mit einem offe-
nen Bereich, der als
Balkon gestaltet werden
kann. Bewusst erhielten
die Büros keine komplet-
te Ausstattung, um individuellen Bedürfnissen
Freiräume zu geben.
Zahlreiche Gemein-
schaftseinrichtungen bis
hin zu einem Damenbou-
doir lassen eine urbane
Struktur en miniature
entstehen. In dieser
Weise ist das Bürogebäu-
de einzigartig in Europa.

Zwischen 1928 und 1956 tagte der »Congrès International d'Architecture Moderne« insgesamt zehnmal an verschiedenen Orten Europas. Es trafen sich die führenden Vertreter der avantgardistischen Architektur, um insbesondere über Fragen des Städtebaus zu diskutieren. Der Kongress bildete eine wichtige Plattform zur Erörterung theoretischer Ansätze und übte großen Einfluss auf den Architekturunterricht an den technischen Hochschulen von Delft und Zürich aus und, nach der Emigration von Walter Gropius, auch an der Harvard University in Cambridge, Massachusetts.

Der erste Kongress (CIAM I) fand 1928 in der französischen Schweiz im Schloss von La Sarraz statt. Anlass war Le Corbusiers erster Preis beim Wettbewerb für den Völkerbundpalast in Genf (1927). Die Auszeichnung wurde allgemein als Durchbruch der Moderne verstanden. Die CIAM-Erklärung von 1928 machte deutlich, dass die Teilnehmer das Bauen als »eine ganze elementare Tätigkeit des Menschen« verstanden, die »an der gestalterischen Entfaltung unseres Lebens beteiligt ist«. Wichtig war für sie daher die Feststellung, dass die Architektur eng mit politischen und wirtschaftlichen Fragen verknüpft ist. Wirtschaftsplanung und Industrialisierung und damit Standardisierung und ökonomische Produktionsmethoden waren für sie eine Notwendigkeit, aber nicht zur Pro-

fitmaximierung. Es ging ihnen um die Überwindung einer handwerklich geprägten Epoche.

So lagen Thema und Ort für CIAM II fast auf der Hand. Unter dem Motto »Die Wohnung für das Existenzminimum« traf man sich 1929 in Frankfurt am Main. Ernst May, der dort seit 1925 als Stadtbaurat tätig war, hatte einige vorbildliche Sozialsiedlungen in offener Zeilenbauweise realisiert.

CIAM III in Brüssel 1930 hatte ein ähnliches Thema. Unter dem Stichwort »Rationelle Bauweisen« beschäftigte sich die Konferenz mit Hoch- und Blockbauweise, wobei die optimale Ausnutzung des Grundstücks und der Baumaterialien im Vordergrund stand.

Die ersten drei CIAM-Zusammenkünfte waren von den deutschsprachigen, sozialistisch orientierten Architekten der »Neuen Sachlichkeit« dominiert. Das änderte sich auf dem vierten Kongress (CIAM IV) 1933. Zu dem Thema »Die funktionale Stadt« wollten sich die Teilnehmer eigentlich in Moskau treffen. Sie hofften, in der Sowjetunion mit Unterstützung des Staates größere städtebauliche Planungen realisieren zu können. Die instabile Lage in Europa aber führte dazu, dass sich die Teilnehmer auf dem Dampfer Patris II einfanden und von Marseille nach Athen und wieder zurück fuhren. Unter der Leitung von Le Corbusier wurden 34 europäische Städte einer

99   Titelblatt der »Charta von Athen«, 1943.

vergleichenden Analyse unterzogen. Das Ergebnis veröffentlichte der Schweizer zunächst anonym. 1943 erschien es als Buch unter seinem Namen und mit dem Titel »Charta von Athen«. Diese bestimmte über Jahrzehnte insbesondere nach dem Krieg die Vorstellungen von einer modernen Großstadt. Die entscheidende Forderung richtete sich auf eine strenge Trennung der Bereiche Arbeiten, Wohnen, Freizeit und Verkehr innerhalb der Stadt. Als Wohnungstyp waren »hohe, weit auseinander liegende Appartementblocks« vorgesehen.

Die Weltausstellung in Paris 1937 bildete die Kulisse für das letzte CIAM-Treffen (CIAM V) vor dem Zweiten Weltkrieg. »Logis et Loisirs«

(Wohnen und Freizeit) hieß das Thema. Kurz vor dem Zweiten Weltkrieg emigrierten einige bedeutende CIAM-Mitglieder wie Walter Gropius und Sigfried Giedion in die USA und gründeten dort das »Chapter of relief and postwar planning«, in dem sie die Grundlagen für eine zukünftige Ausbildung der Architekten legten.

Nach dem Krieg fand das erste Treffen (CIAM VI) 1947 in Bridgewater in England statt. Hier wurde erstmals Kritik an der funktionalen Stadt laut sowie die Forderung nach stärkerer Berücksichtigung der emotionalen und materiellen Bedürfnisse der Menschen erhoben. Die Kritik richtete sich explizit gegen eine Moderne, wie sie Walter Gropius verkörperte.

Fragen der Funktionalität beherrschten aber noch einmal das Treffen in Bergamo (CIAM VII) 1949, wo alle Teilnehmer ihre Projekte unter funktionsorientierten Kategorien vorstellten.

Das CIAM-Treffen (CIAM VIII) in Hoddesdon, England 1951, griff das Thema »Stadt« wieder auf und beschäftigte sich mit dem »Stadtzentrum«, das seine entscheidenden Qualitäten aus den öffentlichen

Bauten gewinnt. Es gab jedoch keine konkreten Ansätze für die Lösung der komplexen städtischen Probleme der Nachkriegszeit, weder für den Mangel an Wohnraum noch für das stetig wachsende Verkehrsaufkommen. Bei den jüngeren Teilnehmern wuchs die Enttäuschung.

So kam es 1953 bei CIAM IX in Aix-en-Provence zum Eklat. Die Jüngeren, angeführt von Alison und Peter Smithson und Aldo van Eyck, wandten sich gegen das in ihren Augen simplifizierende Modell des Stadtkerns und propagierten ein komplexes Geflecht aus kleineren Einheiten, sogenannten Nachbarschaften, mit öffentlichen Einrichtungen wie Schulen, Kindergärten, Theatern usw. Das Aufbegehren der jüngeren Architektengeneration signalisierte das Ende einer Epoche. Gleichzeitig war es das letzte Mal, dass Walter Gropius und Le Corbusier an dem Treffen des CIAM teilnahmen.

Zum offenen Bruch kam es dann schließlich während der letzten CIAM-Tagung (CIAM X) 1956 in Dubrovnik. In einem Brief an die Teilnehmer hatte Le Corbusier die Gründe dafür bereits vorweg ge-

---

»Der Mensch mag sich leicht mit seinem eigenen Haus identifizieren, aber nicht ohne weiteres mit der Stadt, in dem es sich befindet. Irgendwo ›hinzugehören‹ ist ein grundlegendes emotionales Bedürfnis – die Assoziationen, die sich damit verbinden, sind von einfachster Art. Von ›Hingehören‹, von Identität kommt das bereichernde Gefühl der Nachbarschaft. Die kurze, schmale Straße des Slums hat Erfolg, wo großzügige Sanierung häufig scheitert.« Alison und Peter Smithson, Aldo van Eyck, Jacob Bakema, Georges Candilis, Shadrach Woods, John Voelcker William und Jill Howell in ihrer kritischen Reaktion auf den Bericht von CIAM VIII.

100   Teilnehmer von CIAM I im Schloss von La Sarraz, 1928.
Von links nach rechts stehend: Mart Stam, Pierre Chareau, Victor Bourgeois, Max Haefeli, Pierre Jeanneret, Gerrit Rietveld, Rudolf Steiger, Ernst May, Alberto Sartoris, Gabriel Guévrékian, Hans Schmidt, Hugo Häring, Zavala, Florentin, Le Corbusier, Paul Artaria, Hélène de Mandrot, Friedrich Gubler, Rochat, André Lurcat, Robert van der Mühll, Maggioni, Huib Hoste, Sigfried Giedion, Werner Moser, Josef Frank.
Von links nach rechts sitzend: Garcia Mercadal, Molly Weber, Todevossian.

nommen: »Jene, die nun vierzig Jahre alt sind, um 1916 inmitten von Kriegen und Revolutionen geboren, und jene damals noch nicht Geborenen, heute fünfundzwanzig Jahre alt, die um 1930 während der Vorbereitung für einen neuen Krieg und in einer schweren wirtschaftlichen, sozialen und politischen Krise zur Welt kamen, sind in der jetzigen Zeit die einzigen, die aktuelle Probleme persönlich und intensiv erfassen. Sie fühlen, welche Ziele verfolgt werden müssen, mit welchen Mitteln man sie erreicht und wie dringlich die heutige Situation ist. Sie wissen Bescheid. Anders ihre Vorgänger, sie sind nicht mehr im Bilde, sie sind den direkten Auswirkungen der Situation nicht mehr unterworfen.«

Bei einem Nachtreffen in Otterlo 1959 gründeten die jüngeren Mitglieder das Team X und erklärten CIAM für beendet. Sie trafen sich bis zum Tod von Bakema 1981, um über konkrete Arbeiter der Mitglieder zu diskutieren.

1968
Martin Luther King wird ermordet;
Niederschlagung des »Prager Frühlings«;
Studentenunruhen in Deutschland und Frankreich; Attentat auf Rudi Dutschke

1969
Neil Amstrong betritt als erster Mensch den Mond;
Pop-Festival in Woodstock

1970
Tod von Jimi Hendrix

1971
Erster Taschenrechner in den USA

1972
Beginn der Watergate-Affäre führt 1974 zum Rücktritt von US-Präsident Richard Nixon;
USA und UdSSR unterzeichnen das SALT-I-Abkommen;
Olympische Spiele in München werden von der Geiselnahme israelischer Sportler überschattet

1973
Internationale Ölkrise

1974
Bombenterror der IRA in Irland und England

1975
Ende der Franco-Diktatur in Spanien;
Schlussakte der KSZE (Konferenz für Sicherheit und Zusammenarbeit in Europa)

Der wirtschaftliche Aufschwung der fünfziger Jahre und die Hoffnung auf Frieden standen – politisch betrachtet – auf unsicherem Boden. Der Bau der Berliner Mauer am 13. August 1961 besiegelte die Blockbildung zwischen Ost und West und markierte den Beginn des »Kalten Krieges«. Ende der sechziger Jahre formierte sich weltweit die Jugend zu Protesten gegen das Establishment. Sie wandte sich gegen die traditionellen gesellschaftlichen Werte der westlichen Welt und die kapitalistischen Wirtschaftsstrukturen. Auch im Ostblock setzten Reformbestrebungen ein, insbesondere in der ČSSR. Diese Hoffnungen aber wurden im Prager Frühling 1968 blutig niedergeschlagen.

Mit der 1972 von Dennis L. Meadows veröffentlichten Studie »The Limits of Growth« kam einer breiten Öffentlichkeit erstmals zum Bewusstsein, dass die lebensnotwendigen Rohstoffe begrenzt sind und die Umwelt nicht ungestraft weiter ausgebeutet werden kann.

In der bildenden Kunst avancierte das Alltägliche zum künstlerischen Gegenstand. Die Kunst wurde populär – zur Pop(ular)-Art. Andy Warhol machte Campbell-Suppendosen zu Bildthemen seiner Siebdrucke. Claes Oldenburg und andere Künstler veranstalteten die ersten multimedialen Happenings.

In der Architektur formierte sich zunehmend Kritik an der Überbetonung des Funktionalismus und einer rein rationalen Gestaltung. Klassische Moderne und Internationaler Stil sahen sich heftigen Angriffen ausgesetzt. Man kann daher die unterschiedlichen kritischen Richtungen ab Mitte der sechziger Jahre als nach-moderne Bewegungen in der Baukunst bezeichnen. Sie forderten mehr Symbolkraft, einen deutlicheren Bezug zu geschichtlichen Vorbildern und stärkeren emotionalen Gehalt. High-Tech-Konstruktionen, Hochtechnologien und neue Materialien aus der Raumfahrt prägten eine neue Ästhetik. In den achtziger Jahren wurden im Zuge der Globalisierung, dem Übergang in die Informationsgesellschaft und der damit einhergehenden Zersplitterung traditioneller Bindungen auch die bis dahin unangefochtenen Gesetze der Tektonik infrage gestellt.

Utopische Stadtmodelle

Den spätrationalistischen Stadtmodellen setzten seit dem Beginn der sechziger Jahre einige avantgardistische Gruppierungen fantastische und utopische Stadtvisionen entgegen. Inspiriert von der Pop-Art und beflügelt von dem technischen Instrumentarium der Raumfahrt, ersannen sie gigantische Megastädte von hoher Konzentration und Dichte, die, in stetem Wandel begriffen, sich keinerlei disziplinierenden Ordnungsprinzipien fügen sollten. Mit der Hippie-Bewegung und anderen alternativen Lebensformen wurden erstmals Fragen nach der Bedrohung der Umwelt und ihrer Ressourcen laut. Die architektonischen Vorbilder waren die italienischen Futuristen und die sowjetischen Konstruktivisten sowie insbesondere der Amerikaner Richard Buckminster Fuller (1895–1983).

Fuller war in erster Linie Ingenieur. Bereits in den zwanziger Jahren suchte er nach Lösungen zur Bewältigung von Umweltproblemen des »Raumschiffs Erde«. 1927 entwarf er das hochtechnische Dymaxion House, bei dem er Errungenschaften aus dem Flug- und Fahrzeugbau umsetzte. Nach dem Zweiten Weltkrieg be-

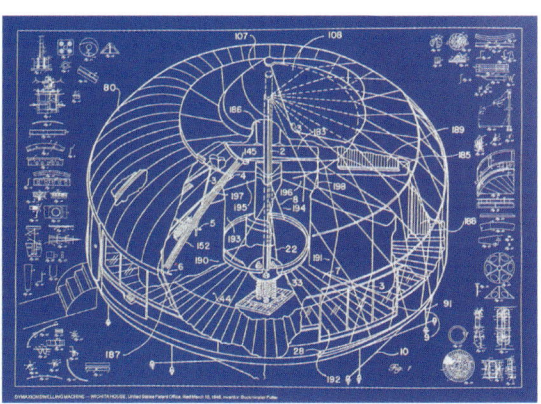

101   Richard Buckminster Fuller, Dymaxion House, Konstruktionszeichnung, 1927. Der Name ist eine Zusammenziehung aus »Dynamik« und »maximale Effizienz«. Die in ihrem Grundriss sechseckige Wohnmaschine aus Leichtmetall ist an einem zentralen Mast aufgehängt, der alle notwendigen Versorgungseinrichtungen enthält.

1976
Tod Mao Tsetungs

1977
Urteilsverkündung im Bader-Meinhof-Prozess in Stuttgart-Stammheim

1978
Beginn der fundamentalistisch-islamischen Revolution im Iran; Erstes Retortenbaby

1979
Friedensvertrag von Camp David zwischen Israel und Ägypten; SALT-II-Abkommen wird unterzeichnet; Erster Walkman von Sony

1980
Gründung der unabhängigen Gewerkschaft Solidarność in Polen

1981
Ermordung des ägyptischen Staatspräsidenten Anwar as-Sadat; IBM bringt den ersten Personalcomputer auf den Markt

1982
Compact Disk (CD)

1984
Indira Gandhi wird ermordet; Apple produziert die ersten Macintosh-Computer

1986
Super-Gau im Atomkraftwerk in Tschernobyl

1987
Michail Gorbatschow beginnt die Perestroika in der UdSSR

1989
Fall der Berliner Mauer;
Beginn der Auflösung
des sowjetischen Impe-
riums;
Blutige Niederschlagung
von Studentenprotesten
auf dem Platz des
Himmlischen Friedens
in Peking

1990
Wiedervereinigung
Deutschlands;
Vertrag von Maastricht;
Beginn des Bürgerkrie-
ges in Jugoslawien

1994
Nelson Mandela wird
erster farbiger Präsident
Südafrikas

1997
Grundakte über die
Beziehungen zwischen
Nato und Rußland,
damit Beendigung des
Ost-West-Konfliktes;
Hong Kong gehört wie-
der zur Volksrepublik
China;
Klon-Schaf »Dolly«

2000
Gipfeltreffen zwischen
Nord- und Südkorea

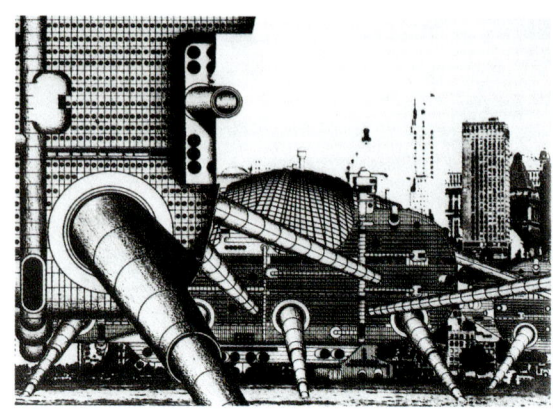

schäftigte Fuller sich mit Tragwerkskonstruktionen, die
schnell und billig weite Räume überspannen sollten.
Es entstanden seine geodätischen Kuppeln, die auf
Drei- und Achtecken basierten und aus Metall, Kunst-
stoff, Beton oder gar Pappe bestanden. Die größte Kuppel mit einem Durchmesser von 117 m entstand 1958
für die Union Trade Car Company in Louisiana. Sein
bedeutendstes Werk aber war die transparente Kuppel
aus Plexiglas und Stahl für den amerikanischen Pavillon auf der Expo '67 in Montreal.

Eine der führenden Gruppen wurde 1961 in England
gegründet von Peter Cook (*1936), Mike Webb (*1937)
und David Greent (*1937). Ferner gehörten dazu Warren
Chalk (1927–88), Ron Herron (1930–94) und Dennis
Crompton (*1935). Der Titel der von ihnen herausgegebenen Zeitschrift »Archigram« wurde zum Namen der
Gruppe. Ins Bewusstsein einer breiteren Öffentlichkeit
traten sie erstmals 1963 mit ihrer Ausstellung »Living
City« in London. In großformatigen Zeichnungen,
Grafiken und Collagen präsentierten sie eine phantastische Container- und Stapelarchitektur, deren Elemente
durch bizarre Rohrsysteme miteinander verbunden
waren und von Rampen und Kränen überragt wurden.
Von manchen belächelt, fanden sie in dem Kritiker
Reyner Banham einen vehementen Befürworter, der
ihre Ideen weltbekannt machte. Archigram hoffte, die
hochentwickelte Hardware der Raumfahrt, wie die

Raumkapseln, als Wohnzellen nutzbar machen zu können. Allerdings waren dabei Raumstandards vorgesehen, die weit unter dem Existenzminimum lagen, wie es die von Archigram so verachteten Funktionalisten formuliert hatten.

Zu den einflussreichsten Projekten von Archigram zählen Fulham Study (1963), Plug-in-City von Peter Cook (1964–66) und Walking City von Ron Herron (1964). Die Stadtanlage Plug-in-City ist auf einem Stecksystem aufgebaut, das schnelle Veränderungen erlaubt. Die Wohnzellen sind nach dem Gesetz der Konsumgesellschaft austauschbar und für eine Lebensdauer von 15 Jahren bestimmt, die Autosilos und die städtischen Einrichtungen für 20 Jahre konzipiert.

Das einzige von Archigram ausgeführte Bauwerk war der Pavillon auf der Weltausstellung 1970 in Osaka. 1975 löste sich die Gruppe auf, ihre Mitglieder gingen getrennte Wege. Am erfolgreichsten war Peter Cook, 1984–90 Lehrer an der Frankfurter Städel-Schule, dessen Entwürfe sich zunehmend an der Realisierbarkeit orientierten und in immer stärkerem Maße ökologische Fragestellungen berücksichtigen.

Den fortschrittsgläubigen und die Technik verherrlichenden Utopien Archigrams setzte die italienische

102 Ron Herron, Walking City, 1964. Die Gebäudekapseln scheinen sich auf teleskopartigen Beinen fortzubewegen. Herrons utopischer Stadtentwurf reiht sich ein in eine lange Tradition, die von Thomas Morus' »Utopia« (1516) über Francis Bacons »Nova Atlantis« (1632) bis hin zu Jonathan Swifts »Gullivers Reisen« (1726) reicht.

103 Adolfo Natalini, Il monumento continuo, 1969. Das unendliche, riesengroß dimensionierte Gebäude überzieht die englische Arbeitersiedlung ebenso wie die Wolkenkratzer New Yorks. Das Quadratraster bezieht sich weder auf Geschosshöhen noch auf Steingrößen. Es soll die Messbarkeit des Unendlichen suggerieren.

104   Haus-Rucker-Co, Air-Fountain, 1971. Mit Sauerstoff und Duftstoffen gefüllte Acrylglas-Würfel sollten wie ein Netz von »Lufthaltestellen« die Innenstädte überziehen. Angesichts der immer bedrohlicheren Luftverschmutzung in den Städten wird die Utopie von der Realität eingeholt.

Gruppe »Superstudio« negative Visionen entgegen: Architekturen, deren gigantische Dimensionen den Eindruck einer nahezu apokalyptischen Bedrohung vermitteln. Bei dem 1969 entstandenen Projekt »Il monumento continuo« überzieht ein endlos gerastertes Monument die gesamte Erdoberfläche, als Modell einer »totalen architektonischen Urbanisation«. Der provokante Vorschlag von 1972, ganz Florenz unter Wasser zu setzen und nur noch die Domkuppel als touristische Attraktion aus den Fluten herausragen zu lassen, war als Kritik an der aufwendig betriebenen Rettung historischer Stadtkerne gedacht. 1978 löste sich die von Adolfo Natalini und Cristiano Toraldo di Francia 1966 gegründete Gruppe auf, weil ihre subversive Kritik die in ihren Augen kapitalistische Architektur nicht zu verändern vermochte.

Mit ephemeren Architekturinstallationen versuchte die österreichische Gruppe »Haus-Rucker-Co« auf den Wandel städtischer Strukturen aufmerksam zu machen. Ihre Gründer, die Gebrüder Laurids (*1941) und Manfred Ortner (*1943) sowie Günter Zamp Kelp und Klaus Pinter arbeiteten von 1967 bis 1992 in Düsseldorf und in New York. Zweite Häute und Raumhüllen sollten das Bewusstsein der Menschen für die Gefährdung der Stadt als natürlichem Lebensraum, als Stadt-Landschaft, schärfen. So wollten sie Mies van der Rohes Haus Lange in Krefeld, einen Prototyp der klassischen Moderne, mit einer Tragluftfläche überdachen. 1972 befestigten sie auf der Kasseler Documenta 5 am Ausstellungsgebäude des Fridericianums eine fruchtblasenartige Oase.

Blieben alle diese Stadtvisionen mehr oder weniger Utopien auf dem Papier, so konnte der Italiener Paolo Solerie (*1919) seine Sehnsucht nach einer Stadt mit optimalen Verkehrsanbindungen, minimalem Verbrauch von Rohstoffen und Vermeidung von Umweltbelastung in der Wüste von Arizona zumindest teilweise realisieren. Solerie bezeichnete sein Verständnis von Architektur und Städtebau als »Arcology« – also eine Verbindung aus »architecture« und »ecology«. Arcosanti, so der Name der Wüstenstadt, war in den siebziger Jahren ein beliebtes Ziel für die Anhänger alternativer Lebensweisen. Schon damals wurden dort ökologische Fragen thematisiert, die heute in entscheidendem Maße die Architektur prägen.

105 Paolo Solerie, Arcosanti, Paradise Valley, Arizona, 1969 ff. Auf einem 1600 ha großen Areal an den Basaltklippen der Wüste von Arizona entstanden zwei große Gewölbebauten mit Wohnungen, zwei apsisförmige Konstruktionen mit Werkstätten, Studios und Wohnungen und ein Mehrzweckbau mit Geschäften. Soleri träumte von der Entwicklung dieser Oase zu einer Stadt, die rund um die Uhr allen erdenklichen Nutzungen offen steht.

Metabolismus

Ähnliche Ansätze wie Archigram verfolgten in Japan die so genannten Metabolisten. Unter dem Eindruck der seit den späten fünfziger Jahren stark anwachsenden Bevölkerung des Landes legte 1960 auf der World Design Conference in Tokio eine Gruppe junger Architekten ihre Vorschläge für eine Neuorganisation der japanischen Städte vor. In Anlehnung an das griechische Wort Metabolē (Μεταβολή = Veränderung, Umgestaltung) nannten sie sich Metabolisten. Zu dieser Gruppe gehörten neben dem Theoretiker Noboru Kawazone die Architekten Kiyonori Kikutake (*1928) und Kisho Kurokawa (*1934); später stießen Masato Ohtaka (*1923) und Fumihiko Maki (*1928) dazu. Den größten Einfluss auf die Bewegung übte Kenzo Tange (*1913) aus, der zu diesem Zeitpunkt dank seines Hiroshima Peace Centre (1949–56) bereits internationale Anerkennung genoss. Es war vor allem Tanges programmatischer Plan für die Erweiterung Tokios, der als Stadtmodell für die kommende Informationsgesellschaft angesehen wurde. Der Plan sah die teilweise Überbauung der Tokioter Bucht vor. Entlang einer kommunalen Achse sollten einzelne kleine »Zellen« andocken, den wachsenden und wechselnden Bedürfnissen der Stadt angepasst. Ähnlich wie den westlichen Stadtutopisten erschien auch den japanischen Architekten eine stets im Wandel begriffene Architektur die angemessene Antwort auf die sich schnell ändernde Gesellschaftsstruktur zu sein. Sie konnten dabei auf das Erbe des Shintoismus zurückgreifen, der den ewigen Wandel aller Dinge und gleichzeitig die Kontinuität des Ewigen im Vergänglichen lehrt.

106 Kenzo Tange, 1913 in Imabari auf der Insel Shikoko geboren, studierte 1935–38 an der Universität von Tokio und arbeitete dann im Büro von Kumio Maekawa, einem Mitarbeiter von Le Corbusier. 1946 eröffnete Tange sein eigenes Büro und firmiert seit 1985 unter dem Namen Kenzo Tange Associates. Zu seinen bedeutendsten Schülern zählen Arata Isozaki und Kisho Kurokawa. Der Generalplan für die Expo '70 in Osaka bezeichnet das Ende seiner metabolistischen Phase. Seit 1970 baut Tange vermehrt außerhalb Japans. Seine Werke zeichnen sich stets aus durch die Verbindung japanischer Bautradition mit den Anforderungen internationaler Großprojekte. So entlehnte er die Zeltdachkonstruktion für die Olympiahalle in Tokio (1961–64) dem japanischen Tempelbau.

Diese neuen, offenen Stadtstrukturen unterschieden zwischen kurzlebigen Elementen und langlebigen Primärstrukturen, zu denen insbesondere die Verkehrsadern zählten, die nun nicht mehr zentripetal, sondern linear angeordnet werden sollten. Kurzlebige Elemente hingegen waren vor allem die Privaträume in Gestalt von Minikapseln, die man sich in technologisch hochentwickelten Massenfertigungen vorstellte. So entwarf Kurokawa Wohnzellen, die auf vorfabrizierte Hüllen reduziert waren. Diese wiederum sollten an spiralförmigen Wolkenkratzern befestigt werden. Zu den größten Utopien zählten zweifellos die Meeresstädte Kikutakes. Auf riesigen Scheiben, die unter der Wasseroberfläche treiben, breiten sich die aus einzelnen Kapseln bestehenden Städte aus. Mit der Weltausstellung in Osaka von 1970 erreichte die Bewegung ihren Höhepunkt.

107 Kenzo Tange, Plan für Tokio, 1960. Kernpunkt des Gefüges ist ein Raster aus 150 bis 200 m hohen, jeweils rund 200 m voneinander entfernt liegenden Erschließungstürmen. Zwischen diesen Türmen sollten Plattformen gespannt werden, die Wohn- und Arbeitsbereiche beherbergen.

125

108 Kisho Kurokawa,
Nagakin Capsule Tower,
Tokio, 1970–72. Diese
Junggesellenapartments
zählen zu den wenigen
realisierten metabolisti-
schen Projekten.

Neben Tanges riesigem Raumtragwerk waren dort zahlreiche pneumatische Konstruktionen zu sehen. Bald
aber schwand der Optimismus, der die Bewegung eine
gewisse Zeit lang getragen hatte, und die Architekten
spalteten sich in eine »professionelle« Mehrheit und
eine »konzeptionelle« Minderheit.

109 Fumihiko Maki, Hill-
side Terrace Apartments,
Tokio, begonnen 1969.
Sie gehören neben Makis
Universitätscampus in
Kumagaya zu den ästhe-
tisch wie funktional her-
ausragenden Planungen
des Zusammenlebens.

The New York Five

Zu den »New York Five« gehören die fast gleichaltrigen und miteinander befreundeten Architekten Peter Eisenman, Michael Graves, Charles Gwathmey, John Hejduk und Richard Meier. 1969 wurden einige ihrer Arbeiten im Rahmen einer Veranstaltung der Conference of Architects for the Study of Environment (CASE Group) vorgestellt und 1972 unter dem Titel »Five Architects« veröffentlicht.

Unter dem Einfluss ihres gemeinsamen Lehrers, des Architekturtheoretikers Colin Rowe, waren sie vor allem vom Frühwerk Le Corbusiers fasziniert – und Eisenman in besonderer Weise von der rationalistischen Architektur Giuseppe Terragnis. Wie keine Gruppierung zuvor griffen sie bewusst auf die Anfänge der Moderne zurück. Sie bezogen sich damit auf eine einzelne Phase innerhalb der modernen Entwicklung, die der von ihnen so verehrte Le Corbusier in seinem Spätwerk bereits überwunden hatte. Dabei interessierten sie sich ausschließlich für die ästhetischen Qualitäten dieser frühen puristischen Architektur. Das Weiß ihrer Bauten, das der Gruppe auch den Namen »Whites« einbrachte, nimmt ihren Architekturen die Körperlichkeit, schafft Distanz und betont das Artifizielle. Die gesteigerte Ästhetisierung ihrer Architektursprache ist das Besondere der New York Five, darin liegt aber auch ihre Distanz zum Vorbild.

Der bekannteste und auch produktivste unter den fünf ist Richard Meier (*1934). Konsequent gestaltet er bis heute seine Bauten in Weiß. Seine ersten Bauaufgaben in den sechziger und frühen siebziger Jahren waren vor allem Einfamilienhäuser. House Smith in Darien, Connecticut (1965–67), House Saltzmann in East Hampton, Long Island, und das Douglas House in Habour Springs, Michigan (1971–73), zeigen, wie virtuos Meier mit dem Vokabular Le Corbusiers umgeht. Typisch sind die dünnen weißen Wände, die auf Rundstützen schweben, die langgestreckten Rampen und

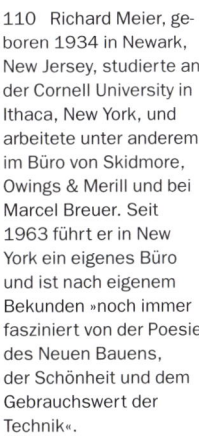

110 Richard Meier, geboren 1934 in Newark, New Jersey, studierte an der Cornell University in Ithaca, New York, und arbeitete unter anderem im Büro von Skidmore, Owings & Merill und bei Marcel Breuer. Seit 1963 führt er in New York ein eigenes Büro und ist nach eigenem Bekunden »noch immer fasziniert von der Poesie des Neuen Bauens, der Schönheit und dem Gebrauchswert der Technik«.

111 Richard Meier, Atheneum, New Harmony, Indiana, 1975–79. New Harmony, 1814 gegründet, ist eine der bedeutendsten utopischen Gemeinschaftssiedlungen in Amerika. Das Atheneum mit Auditorium, Ausstellungsräumen und Servicebereichen ist der Ausgangspunkt für die Besichtigung der historischen Siedlung. Das Bauwerk schwebt gleich einem weißen Ozeandampfer über der Hügelkette. Meier wollte bewusst diese Assoziation wecken, galt der Dampfer in den zwanziger Jahren doch als Inbegriff des Fortschritts.

die in die Tiefe des Baukörpers einschneidenden Loggien. Im Unterschied zu seinem Vorbild schneiden jedoch ungewöhnlich hohe Fenster in die Fassaden ein. Im Inneren erstrecken sich großzügige Raumfluchten über mehrere Geschosse und nehmen vielfältige Verbindungen zu den Nachbarzimmern auf. Diese komplexen Raumverbindungen sind nie von einer Ebene aus zu erfassen.

Mit dem Bau des Atheneum in New Harmony, Indiana (1975–79), begann Meier seine Serie bedeutender Museumsbauten, zu denen auch das Museum für Kunsthandwerk in Frankfurt am Main (1979–85), das High Museum of Art in Atlanta, Georgia (1980–83), das Museum für zeitgenössische Kunst in Barcelona (1987–95) und schließlich die Kulturbauten des Getty Center in Los Angeles (1985–97) gehören.

In den siebziger Jahren galten John Hejduk (*1929) und Peter Eisenman als führende Köpfe der New York Five wegen ihrer analytischen Auseinandersetzung mit Raum- und Formkonflikten unabhängig von funktionalen Überlegungen. Wie in einem Labour entwickelte Hejduk Versuchsreihen von Häusern, so die Diamond Series (1962–67), die ¼ Series Houses (1967) oder die Wall Series Houses (1967–73). Aus stereometrischen Grundformen schuf er hochkomplexe Raumstrukturen, die trotz ihrer Rationalität schon ans Irrationale und Unüberschaubare grenzen. Es geht ihm dabei nicht mehr um reale Räume, sondern um die Zusammenfassung aller denkbaren Möglichkeiten einer geometrisch-abtrakten Architektur.

So erfüllen auch die aus komplexen geometrischen Systemen abgeleiteten frühen Häuser Peter Eisenmans (*1932) nicht in erster Linie die Bedürfnisse ihrer Bewohner, ganz im Gegenteil, sie stellen diese sogar in Frage. Beim Barenholz Pavillon für altes Spielzeug in Princeton, New Jersey (1967–68), ist der Grundriss aus einem streng geometrischen System abgeleitet. Die weißen Pfeiler und runden Edelstahlsäulen im Inneren haben jedoch keinerlei tragende Funktion, sondern sind nur Teile der abstrakten Ordnung.

Eines der ersten größeren Bauprojekte Eisenmans war ein Wohnblock in unmittelbarer Nähe des Checkpoint Charlie in Berlin (1980–86). An diesem geschichtsträchtigen Ort an der ehemaligen Berliner Mauer komplettierte Eisenman nicht den zerstörten Wohnblock, sondern legte verschiedene Rastersysteme übereinander, die die Zerrissenheit des Ortes veranschaulichen sollen. Nicht mehr ein abstraktes, sondern ein inhaltliches Ordnungssystem bestimmt jetzt die Architektur. Das Bestreben, eine kaum fassbare Realität in Architektur umzusetzen, prägt auch seinen preisgekrönten Entwurf für das Holocaust-Mahnmal in Berlin, 1999.

112   Peter Eisenman, geboren 1932 in Newark, New Jersey, studierte Architektur und später Philosophie an der Cornell University, der Columbia University in New York und in Cambridge, England. 1957–58 war er Mitarbeiter in Gropius' TAC Team. 1967 gründete er das Institute for Architecture and Urban Studies in New York, seit 1987 führt er ein eigenes Büro.

113   Peter Eisenman, Wohnblock in Berlin, Projektzeichnung für die IBA 1980, realisiert 1981–86. Eisenman ließ einen großen Teil des Blocks zur Mauer hin offen und stellte dieser eine zweite Mauer gegenüber. Ihr Raster entspricht den Längen und Breitengraden des Globus. Unter diesem Meridianraster verläuft ein weiteres aus rotem Ziegel, das den barocken Stadtgrundriss aufnimmt.

»Architettura razionale«

Ende der sechziger Jahre entstand in Italien die Bewegung der »Architettura razionale«, der sich bis heute zahlreiche Architekten verpflichtet fühlen. Sie versteht sich nicht als Fortsetzung oder gar Wiederbelebung des Rationalismus der zwanziger Jahre. Wie dieser sucht sie zwar eine rationale Entwurfslösung, lehnt aber die Dominanz des Funktionalismus ab zugunsten einer ganzheitlichen Lösung. Die deutsche Übersetzung »rationale Architektur« ist insofern irreführend, als sie allzu leicht mit dem Rationalismus zu Beginn des Jahrhunderts verwechselt wird; deshalb soll im

Der rationalistische Entwurfsansatz ist im Grunde genommen so alt wie die Architekturgeschichte. Schon der antike Architekturtheoretiker Vitruv betrachtete im 1. Jahrhundert n. Chr. in seinen »Zehn Büchern über die Architektur« die Baukunst als eine vernunftgeleitete Wissenschaft. Diese Auffassung wurde in den Architekturtraktaten der Renaissance weiterentwickelt, und die Kunsttheorie des 18. Jahrhunderts stellte dem Illusionismus des Barock die ewigen Werte und Wahrheiten der Klassik gegenüber. Auf diese Wurzeln bezieht sich die »Architettura razionale«. Beeinflusst wurde die Bewegung durch die Arbeiten Saverio Muratoris zu Beginn der fünfziger Jahre des 20. Jahrhunderts, in denen dieser die Beziehung zwischen Stadtform und Bautypus untersucht. Es ist nicht verwunderlich, daß die Bewegung in Italien entstand. Hier hatte bereits in den zwanziger Jahren Giuseppe Terragni eine Verbindung der klassischen Werte der italienischen Architektur mit der Moderne versucht, ebenso wie Giorgio de Chirico in seiner pittura metafisica. Die Rückbesinnung auf historische Typen und Formen und die damit deutlich formulierte Gegenposition zur klassischen Moderne räumen der »Architettura razionale« bis heute einen bedeutenden Stellenwert in der Architekturdebatte ein.

folgenden der italienische Terminus zur Unterscheidung beibehalten werden.

Die Architettura razionale betrachtet die Baukunst als eine eigenständige Disziplin, die objektiven und zeitlosen Gesetzmäßigkeiten unterliegt und daher eigene formale Lösungen in sich birgt. Diese Gesetze lassen sich durch das Studium der Gebäudetypen und die Betrachtung der Entwicklung der Stadt erkennen. Die Stadt bewahrt im Wandel und in der Beständigkeit ihrer Gebäude das »kollektive Gedächtnis«. Deshalb hat sich die Architektur den Gesetzen der Stadt unterzuordnen und sich der tradierten Gebäudetypen zu bedienen. Sie soll diese aber schöpferisch neu deuten und frei miteinander kombinieren. Es werden gleichsam Urtypen und -elemente herausdestilliert. Zu den Urelementen zählen

115 Aldo Rossi, Wohnzeile im Komplex Gallaratese, Mailand, 1969 und 1970–73. Der Baukörper löst sich vom Boden durch eine Kolonnade, die aus schmalen Wandscheiben besteht. Nur dort, wo der Bau eine Art Dehnungsfuge besitzt, ist der Rhythmus durch mächtige Säulen unterbrochen. Die zumeist aus nur zwei Räumen bestehenden Wohnungen werden durch Laubengänge erschlossen.

Säule, Pfeiler, Balken, Wand, Giebel und Arkade. Der Typus der palladianischen Villa erlebte durch die »Architettura razionale« eine wahre Renaissance.

Den Begriff und seine theoretischen Grundlagen formulierte der italienische Architekt Aldo Rossi (*1931–97) erstmals 1966 in seinem Buch »L'Architettura della Città«. Ausführlich reflektierte er den theoretischen Ansatz 1973 in dem programmatischen Katalog »Architettura razionale«, der anlässlich der XV. Mailänder Triennale erschien. Diese theoretischen Reflexionen sollten die Entfremdung von Mensch und Gebautem überwinden helfen.

Zu den ersten Projekten Rossis gehört die nur teilweise realisierte Gestaltung des Rathausplatzes von Segreta 1965 mit ihrem monumentalen Brunnen, dem Mahnmal für die Partisanen. Der Brunnen besteht aus rein stereometrischen Formen: einem lagernden Rechteck, einem Zylinder und einem dreieckigen Prisma. Diese Grundformen wecken gleichzeitig Assoziationen an ein Haus, eine Säule und ein Dach. So ist in Rossis Architektur stets ein typologischer und geschichtlicher Bedeutungshintergrund ablesbar.

1969–73 baute Aldo Rossi innerhalb der Wohnanlage Gallaratese an der Peripherie von Mailand einen

114 Aldo Rossi, 1931–97, studierte am Politecnico in Mailand, 1955–64 war er Mitarbeiter der einflussreichen Zeitung »Casabellacontinuità«. Er war der Begründer und Hauptvertreter der Architettura razionale. In seinem Werk verschmelzen die Einflüsse des Rationalismus und des Novecento Italiano mit den asketischen Visionen eines Etienne-Louis Boullée und eines Adolf Loos. Seit den achtziger Jahren konnte Rossi zahlreiche Entwürfe realisieren, so im Rahmen der IBA Berlin einen Wohnkomplex an der Wilhelmstraße (1981–89) und 1983–89 den Neubau des Teatro Carlo Felice in Genua. In den neunziger Jahren folgten dann auch internationale Bauaufgaben: Neubau des Bonnefanten-Museums in Maastricht (1990–94); Bürokomplex für die Walt Disney Corporation in Orlando, Florida (1991–96).

116 Aldo Rossi, Friedhof San Cataldo, Modena, Zeichnung, 1977. Die Zeichnung zeigt im Vordergrund die drei Hauptgebäude der Anlage: den roten Kubus, ein unvollendetes, verlassenes Haus, das eine Gedenkstätte beherbergt, die dichten Zeilen der Beinhäuser und den schornsteinartigen Konus über einem Massengrab. Im Hintergrund der Zeichnung sieht man Speicherhäuser und Industrieanlagen, sie erklären die Bedeutung der Friedhofsgebäude: Der Tod ist eine Unterbrechung des Lebens.

viergeschossigen Zeilenbau von 182 m Länge aus hellverputztem Stahlbeton. Die Formensprache ist auf ganz wenige Elemente beschränkt, die dem traditionellen städtischen Bauen entlehnt sind. Diese radikale Reduktion verleiht dem Bau über seine Nutzungsbestimmung hinaus eine unverwechselbare monumentale Symbolkraft.

Die Symbolhaltigkeit von Rossis Architektur zeigt sich besonders deutlich in der Friedhoferweiterung von San Cataldo in Modena, die 1971–78 in Zusammenarbeit mit Gianni Braghieri entstand. Wie kaum ein anderer Architekt des 20. Jahrhunderts hat Rossi sein Werk in kolorierten Zeichnungen, Lithographien und Ölbildern kommentiert und begleitet. Diese Arbeiten veranschaulichen die komplexen Gedankengänge, die sich hinter seinen Architekturen verbergen.

Selten ist ein zeitgenössischer Architekt so umstritten gewesen, wobei er gleichzeitig maßgeblich in die Entwicklung der gegenwärtigen Architektur eingegriffen hat. Die Ideen Rossis wirkten zunächst in Italien, besonders unter seinen Schülern und Mitstreitern Gianni Braghieri, Franco Purini, Francesco Venezia und Perluigi Nicolin. Das Konzept Rossis um einen eigenen Ansatz erweitert hat insbesondere sein Kollege Giorgio Grassi (*1935). Er war wie Rossi Student am Polytechnikum in Mailand und von 1961–65 Mitarbeiter der einflussreichen Zeitung »Casabella-Continuità«. Noch radikaler als Rossi wendet er sich gegen jede Form von Individualismus und Experimentalismus. Die Architekturgeschichte verfügt in seinen Augen bereits über alle Archetypen zur Lösung einer Bauaufgabe. Er sucht nach selbstverständlichen, einfachen und unauffälligen Gestaltungen. Zu seinen großen Vorbildern zählt daher auch das Werk Heinrich Tessenows. Diese Verwandtschaft wird besonders deutlich bei einem der bedeutendsten Projekte Grassis, dem Studentenwohnheim in Chieti, das 1976 teilweise errichtet wurde. Mit der Rekonstruktion des römischen Theaters in Sagunt (1985 und 1990–93) konnte sich Grassi direkt mit seiner großen Inspirationsquelle, der antiken Baukunst, auseinandersetzen. Ganz im Sinne der Antike schuf er ein monumentales öffentliches Gebäude, dessen moderne Gestalt auf einer gründlichen archäologischen Analyse, einer konstruktiven und funktionalen Untersuchung und einer sehr eigenen Interpretation des römischen Theaters beruht.

117 Giorgio Grassi, Studentenheim, Chieti, 1976, Teilrealisierung, Zeichnung. Der Komplex besteht aus zwei Zeilen und zwei Kammbauten, die Grassi streng symmetrisch einander gegenübergestellt. So entsteht ein langgezogener Straßenraum, der von hohen Pfeilerarkaden begrenzt wird. Dahinter verlaufen die Laubengänge, die die einzelnen Räume erschließen.

118 Mario Botta, Casa Rotonda, Stabio, 1981. Ungewöhnlich ist der Grundriss, der an einen mittelalterlichen Rundturm erinnert. Bei seinen frühen Einfamilienhäusern in Cadenazzo (1970–71) und Riva San Vitale (1972–73) hatte Botta die Form von Rechtecktürmen gewählt. Die jeweilige Form lässt sich weder typologisch noch topographisch oder regional erklären. Sie ist Ausdruck von Bottas eigenwilliger und unabhängiger Architektursprache.

1993 gewann er den Wettbewerb für die Neugestaltung Potsdamer Platz – Köthener Straße in Berlin mit einem Entwurf, der in seiner Zeitlosigkeit in absolutem Widerspruch zu allem steht, was letztendlich am Potsdamer Platz realisiert wurde: »Wollen wir beim Erarbeiten von Entwürfen etwas Gesundes und Aufrichtiges schaffen, müssen wir vor allem das Individuelle fürchten, nicht aber das Gewohnte oder die Wiederholung, die ihre Erklärung immer in sich trägt.« Sein Mut zur Reduktion macht Grassi zu einem Vorbild für die Bewegung der »Neuen Einfachheit« am Ende des Jahrhunderts.

Im Tessin, Grenzgebiet zwischen der italienischen und der deutschsprachigen Kultur, entwickelte sich seit den siebziger Jahren eine äußerst lebendige Architekturszene. Sie wurde beeinflusst durch die Lehrtätigkeit Aldo Rossis an der ETH Zürich (1972–74). Im Mittelpunkt dieser sogenannten Tessiner Schule steht Mario Botta (*1943). In den späten sechziger Jahren arbeitete er mit Le Corbusier und Louis I. Kahn zusammen. Dessen Vorbild wirkt unverkennbar in Bottas Werk weiter. In der Villa Cadenazzo (1970–71) gliedern großformatige Okuli und schräge Einschnitte den turmarti-

gen Baukörper. Ab den achtziger Jahren erhielt Botta große öffentliche Aufträge. Einen Höhepunkt bildet die Kathedrale von Evry bei Paris (1988–95). Sie hat die Form eines mächtigen Zylinders, dessen abgeschrägtes Dach sich zum Eingang hin herabwölbt. Der suggestive Lichteinfall von oben und der rot-braune Ton der Backsteinwände verleihen dem weiten Innenraum eine sakrale Atmosphäre. Im Gegensatz zu Giorgio Grassi experimentiert Mario Botta immer wieder mit vielfältigen, individuellen Gestaltungsansprüchen.

119 Bruno Reichlin, Fabio Reinhart, Casa Tonini, Toricella bei Lugano, 1972–74. Das Haus für einen Mathematikprofessor nimmt zwar Bezug auf die palladianische Villa Rotonda, kopiert sie aber nicht. Im Inneren des Hauses überraschen Sachlichkeit und die offen zur Schau gestellten Materialien. Die rohen Betonstützen der Skelettkonstruktion sind zu sehen, und man blickt bis in die verbretterte Dachschräge hinauf.

Suchten Rossi und Grassi nach Archetypen in der Gesamtheit der Architekturgeschichte, so setzten sich die beiden Assistenten Rossis, Bruno Reichlin (*1941) und Fabio Reinhart (*1942), mit der Typologie eines historischen Vorbildes auseinander. Im Wohnhaus Tonini in Torricella (1972–74) griffen sie den Grundriss der Villa Rotonda des italienischen Renaissance-Architekten Andrea Palladio auf. Es ging ihnen darum, eine ideale Wohnhauslösung in eine moderne Architektursprache zu übertragen. Im Wohnungsbau lösten sie damit einen wahren Neo-Palladianismus aus.

Auch in Deutschland und insbesondere in West-Berlin fanden im Laufe der siebziger Jahre die Ideen der »Architettura razionale« Anklang. Vor allem wurden sie durch Oswald Mathias Ungers (*1926) verbreitet, der 1963–68 an der Technischen Universität Berlin lehrte. Ungers wandte sich entschieden gegen die Vereinheitlichungstendenzen der Moderne und die Reduktion einer Form ausschließlich auf ihre Funktion. Wie Rossi suchte er nach Grundtypen und Typologien, die

120   Josef Paul Kleihues, Hauptwerkstatt der Stadtreinigung, Berlin-Tempelhof, 1969–78. Die Anlage dient der Wartung und Reparatur des gesamten Fuhrparks der Müllabfuhr und Straßenreinigung. Entscheidend für die Struktur des langgestreckten Baukörpers ist, dass die Wartungsflächen für die Fahrzeuge am äußeren Rand liegen, während sich in der Mitte des Gebäudes die Werkstätten befinden. Den Außenbau bestimmt die strenge Reihung aus Betonfertigteilen und lamellenförmiger Verglasung. Dieses ästhetische Prinzip strukturiert den gesamten Baukörper, unabhängig von den einzelnen Funktionen.

jedoch für ihn in mannigfaltiger Ausprägung Gestalt annehmen können. Entscheidend ist für ihn, im Entwurfsprozess die Unterschiedlichkeit der Formen auf ein Thema zurückzuführen und damit zu begründen. Ein Haus kann vielerlei sein: ein Hof, ein Block, eine Zeile oder, wie bei der Umgestaltung des Deutschen Architektur Museums in Frankfurt (1979–84), ein Haus im Haus.

Einer der ersten realisierten Bauten in Deutschland im Sinne der »Architettura razionale« ist die Hauptwerkstatt der Stadtreinigung in Berlin (1969–78) von Josef Paul Kleihues (*1933). Kleihues, der unter anderem an der École des Beaux-Arts in Paris studierte, bezeichnet seine Architektur als »poetischen Rationalismus«. Damit erhebt er ganz im Sinne der französischen Rationalisten des 18. Jahrhunderts auch für sein Werk einen künstlerischen Anspruch, der von der ersten Entwurfsskizze bis zum ausgeführten Bau reicht. Im Gegensatz zu vielen Rationalisten lehnt er eine technologische

121 Oswald Mathias Ungers, Neubau des Wallraf-Richartz-Museums, Köln, 1996–2001. Alle Bauten Ungers basieren auf einem Modul, dessen Maß vorab festgelegt wird und das konsequent auf alle Details des Baus angewendet wird. Die Größe des Moduls ergibt sich oftmals aus der topographischen Situation. Beim Kölner Museum entspricht das Rastermaß dem Vierungsquadrat der benachbarten Kirchenruine St. Alban.

Formensprache nicht ab, sondern bemüht sich, unterschiedliche Positionen miteinander zu verbinden. Seit 1979 leitete er die Internationale Bauausstellung (IBA) in Berlin, und in den achtziger und neunziger Jahren schuf er eine Reihe von beeindruckenden Museumsbauten, die stets auf einfachen Typologien basieren. Es entstanden das Museum für Vor- und Frühgeschichte in Frankfurt am Main (1980–89), das Museum in den Hamburger Deichtorhallen (1988–89), das Krippenmuseum in Telgte (1992–95) und 1989–96 gestaltete er den Hamburger Bahnhof in Berlin zum Museum für zeitgenössische Kunst um.

Die »Architettura razionale« ist nach wie vor eine wichtige Strömung und hat nach anfänglich heftigem Widerstand auch Anhänger in den USA gefunden. So konnte Kleihues in Chicago das Museum of Contemporary Arts (1991–96) und Ungers die Residenz des Deutschen Botschafters in Washington (1982, 1988–94) bauen.

122   Robert Venturi, Vanna Venturi House, Chestnut Hill, Pennsylvania, 1959–64, Modellnachbau, Deutsches Architektur Museum, Frankfurt am Main. Das Einfamilienhaus für Venturis Mutter hat Architekturgeschichte gemacht. Es ist die Neuformulierung des Präriehauses mit zentralem Kamin. Der niedrige Baukörper wird von einem flachen Satteldach überspannt, so dass an der Eingangsfront ein mächtiger Dreieckgiebel entsteht. Dieser wird durch einen vertikalen Einschnitt gesprengt. Die vordergründige Symmetrie des Hauses wird immer wieder gestört. Die Eingangsloggia betont ein Rundbogenprofil. Die Rückseite des Hauses wird von einem Thermenfenster bekrönt. Venturi spielt hier mit den gewöhnlichen Erfahrungen in einem Wohnhaus und mit den Sehgewohnheiten, die an der Architekturgeschichte geschult sind.

Postmoderne

Keine Debatte seit dem Ende des Zweiten Weltkrieges hat die Gemüter in der Architekturszene so bewegt wie die um die Positionen der Postmoderne. Geprägt wurde der Begriff zunächst in der Literaturwissenschaft. Auf die Architektur wandten ihn zum ersten Mal der Architekturtheoretiker Charles Jencks und der Architekt Robert A. M. Stern an. Wie die »Architettura razionale« wandte sich die Postmoderne gegen die Verflachung und Monotonie in der modernen Architektur, bei der

Unter **Postmoderne** versteht man in der Architektur eine Bewegung der sechziger, siebziger und achtziger Jahre, die durch den spielerischen und oft ironischen Umgang mit historischen Bauformen und Typen versuchte, eine Gegenposition zur klassischen Moderne der zwanziger und dreißiger Jahre aufzubauen. Heinrich Klotz, Gründungsdirektor des Deutschen Architektur Museums in Frankfurt, hat sich Ende der siebziger Jahre vehement in die Diskussion um die Postmoderne eingebracht. Für ihn bestanden die leitenden Grundprinzipien der Postmoderne in der Architektur darin, dass »die Gestalt eines Bauwerks bewusst verbunden wird mit der Rückgewinnung von Inhalten, die zum ›Erzählstoff‹ der Gebäudeform und der Einzelform werden« können. Damit vertrat für ihn auch die »Architettura razionale« eine postmoderne Position.

die Form keine inhaltliche Bedeutung mehr hat, sondern technische Strukturen, ökonomischer Funktionalismus und Nutzungsanalysen in den Vordergrund gestellt werden. Mit Zitaten aus der Architekturgeschichte – Säulen, Kolonnaden, Giebeln, Thermenfenstern oder Friesen – wollte die Postmoderne die vermeintliche Geschichtslosigkeit der Moderne überwinden. Ihre Gegner sahen darin einen unverzeihlichen Rückschritt. Für die Befürworter war die postmoderne Entwicklung hingegen eine logische Konsequenz, die sich bereits in den bildenden Künsten mit Pop-Art, der Konfrontation mit Alltagsgegenständen, angekündigt und mit Fotorealismus, Neo-Expressionismus und den »Neuen Wilden« eine gegenständlichere Haltung vorbereitet hatte. Der schräge und schrille Stilpluralimus galt vielen als Ausdruck der komplexen Strukturen der modernen Industriegesellschaft.

Den entscheidenden Impuls für die postmoderne Bewegung gaben die frühen Bauten des amerikanischen Architekten Robert Venturi (*1925) und insbesondere seine beiden programmatischen Schriften »Complexity and Contradiction in Architecture« (1966) sowie »Learning from Las Vegas« (1972). Darin propagierte er einen subjektiven Manierismus, der sich der Baugeschichte genauso bedient wie der trivialen nordamerikanischen Alltagsarchitektur mit ihren Werbeschildern und Neoninstallationen. Für ihn ist diese komplexe und widersprüchliche Architektur Ausdruck

123 Charles W. Moore, Piazza d'Italia, New Orleans, 1977–78. Zitate aus der Architektur der Antike bestimmen die Gestaltung der Piazza d'Italia.

124 Hans Hollein, Museum am Abteiberg, Mönchengladbach, 1972–82. Für dieses bahnbrechende Werk der Postmoderne ist vielfach der Begriff »Collagearchitektur« bemüht worden. Statt eines geschlossenen Ensembles inszenierte Hollein bewusst Brüche. So schafft die Architektur für jedes ausgestellte Kunstwerk seinen eigenen repräsentativen Rahmen, gleichzeitig ist das Museum aber auch eine funktionale Gebrauchsarchitektur.

des Reichtums und der Vieldeutigkeit des modernen Lebens. Sein Topos vom »dekorierten Schuppen« – *decorated shed* – entwickelte sich zu einem Schlüsselbegriff der Postmoderne.

Das wohl treffendste Beispiel der postmodernen Bewegung ist Charles W. Moores (1925–95) Piazza d'Italia in New Orleans. Sie entstand 1977–78 im Zuge der Sanierung eines Stadtteils, in dem überwiegend Menschen italienischer Herkunft leben. Moore dekorierte die halbrunde Platzwand mit einer Säulenkulisse. Den Mittelpunkt des Platzes bildet ein Brunnen in der Form des italienischen Stiefels. Während die einzelnen Elemente der Anlage die Erinnerung an die Heimat

125 Hans Hollein, geb. 1934, studierte an der Akademie der Bildenden Künste in Wien, am Illinois Institute of Technology in Chicago und an der University of California in Berkeley. Die Bauten Holleins zeichnen sich durch Detailfreude, kostbare Materialien wie Messing, Marmor, verchromte Metalle und elegante Inszenierungen aus. Zitierfreude und Extravaganz sowie die Vorliebe für farbige Gestaltungen haben im Verlauf seines Schaffens stetig zugenommen und treten damit immer mehr in Gegensatz zu einer der heutigen Forderung nach Einfachheit und Reduktion.

wecken, beschwört ihre Verfremdung gleichzeitig den Bruch zwischen altem und neuem Zuhause.

Fast gleichzeitig mit der Piazza d'Italia entstand in Wien 1976–78 das Österreichische Verkehrsbüro von Hans Hollein (*1934). Der Österreicher ist ein wahrer

Grenzgänger zwischen Design und Architektur. Mit dem Kerzenladen Retti (1964–65) und dem Juweliergeschäft Schullin (1974), beide in Wien, hatte er bereits postmoderne Ansätze in Europa verbreitet. In dem Verkehrsbüro finden sich in der nüchternen Hallenarchitektur Messingpalmen, Säulenstümpfe aus Gips, Pyramidenfragmente und ein Serail-Pavillon, eine weiße Reling und kreisende Adler. Reisemetaphern und Theaterkulissen sollen das Fernweh der Kunden wecken.

Holleins erstes großes und wohl auch bedeutendstes Bauwerk ist das Museum Abteiberg in Mönchenglad-

bach (1972–82) – ein dissonater Komplex aus unterschiedlichsten, mal streng geometrischen, mal barock geschwungenen Baukörpern. Im Inneren schuf Hollein vielschichtige Räume, die der Inszenierung der einzelnen Kunstwerke dienen.

Dieser international Aufsehen erregende Bau inspirierte zahlreiche weitere Museumsneubauten in Deutschland. So erweiterte James Stirling zwischen 1977–83 die Stuttgarter Staatsgalerie. Ironisch und spielerisch kombinierte er die mittelalterliche Architektur der italienischen Pisani, gotische Spitzbögen, antike

126   James Stirling, 1926–92, studierte an der University of Liverpool. Schon früh vertrat er eine kritische Position gegenüber der Moderne. Er forderte die verloren gegangenen Werte der Geschichte zurück und setzte sich für einen stärker emotionalen Ausdruck in der Architektur ein. Das Œuvre Stirlings läßt sich nicht unter einem Begriff subsummieren. Er hat viele der Architekturentwicklungen seit 1950 nachvollzogen, aber auch entscheidend mit geprägt. Vom New Brutalism über den Internationalen Stil, wie im Engineering Building in Leicester (1954–63), der High-Tech-Architektur in der Olivetti Training School in Haslemere (1969) bis hin zur Postmoderne. Entscheidend für alle seine Bauten ist jedoch sein Bemühen, einzelne Funktionen in unterschiedlich gestalteten Baukörpern hervorzuheben. Besonders deutlich ist dies beim Berliner Wissenschaftszentrum (1984–87). Kennzeichnend für Stirling ist ebenso ein expressiver Ausdruck in seiner Architektur, wie noch einmal bei einer seiner letzten Arbeiten, der Werksanlage der Firma Braun in Melsungen (1986–92), deutlich wird.

127 James Stirling, Neue Staatsgalerie, Stuttgart, 1977–83. Der Architekt zitiert hier aus unterschiedlichsten Quellen, angefangen von Rampen, die an den Aufgang zur Athener Akropolis denken lassen, bis hin zur großen Rotunde, die Karl Friedrich Schinkels Altes Museum in Berlin wieder aufnimmt. Das Gebäude setzt einen deutlichen Akzent und entspricht damit Sterlings Vorstellung von Monumentalbauten als »wesentlichem Bestandteil einer Stadt«.

Säulengänge, neobarocke Enfiladen sowie dekonstruktivistische Motive und Bauhausdetails. Er benutzte edlen Marmor genauso wie grasgrünen Kunststoffboden.

Paolo Portughesi (*1931) veranschaulichte auf der ersten Architekturbiennale in Venedig 1980 mit seiner aus historischen Versatzstücken zusammengesetzten »Strada novissima« die Bedeutung der Postmoderne für die städtische Entwicklung. Als Architekturhistoriker hatte er sich mit dem Werk Guarino Guarinis und Francesco Borrominis beschäftigt. So flossen auch barocke Kompositions- und Formelemente in seine Bauten ein, wie bei der Casa Baldi in Rom (1959) oder der Kirche Sacra Famiglia in Salerno (1968–74).

128 Philip Johnson, American Telephone and Telegraph Building, New York, 1979–84. Das mit rosa Granit verkleidete Gebäude weist im Erdgeschoss das Motiv eines Triumphbogens auf. Den Schaft strukturieren vertikale Fensterbänder, und über allem thront ein gesprengter Giebel, der gerne mit einer Chippendale-Kommode verglichen wird.

Ebenfalls in den Hochhausbau kehrten historische Anspielungen zurück,

insbesondere Art-Déco-Elemente. Eines der spektakulärsten Beispiele ist das AT&T Building in New York
von Philip Johnson, dessen Bekrönung scherzhaft mit
einer Chippendale-Kommode verglichen wird.

Eine Rückbesinnung auf die historische Stadt, vor
allem auf die Stadt des 19. Jahrhunderts, fordern die
beiden Brüder Rob (*1938) und Leon Krier (*1946) aus
Luxemburg. 1973 legte Rob Krier eine Rekonstruktion
der Stuttgarter Innenstadt vor. Er versuchte, die von
den in der Nachkriegszeit angelegten Verkehrsadern
getrennten Viertel wieder miteinander zu verbinden.
Die Neuplanung sollte sich dem historischen Gesamt-
gefüge unterordnen, auch in ihrer formalen Gestalt.
Leon Kriers Projekt für das Quartier de la Villette in
Paris (1976) integrierte im Gegensatz zu der »Charta
von Athen« die einzelnen Funktionsbereiche wie Wohnen, Arbeit und Freizeit.

Seit dem Ende der achtziger Jahre verlor die Postmoderne ihren programmatischen Ansatz zunehmend aus
dem Blick und verflachte zu einem Selbstbedienungs-
laden historischer Stilelemente. Kaum eine andere Bewegung des 20. Jahrhunderts ist mit so vehement vor-
getragenem Anspruch angetreten und doch so schnell
wieder verebbt. Dennoch ist es der Postmoderne gelungen, die Dominanz der klassischen Moderne nachhaltig
zu erschüttern.

129 Rob Krier, Wohn-
bebauung Ritterstraße,
Berlin, 1978–81, Kon-
zeptionszeichnung. Der
Wohnblock ist Teil der
Rekonstruktion von
Berlin-Kreuzberg, wo
neben ergänzenden Neu-
bauten im Krieg beschä-
digte Wohnhäuser des
19. Jahrhunderts restau-
riert und teilweise mit
altem Fassadenstuck
versehen wurden. Krier
hob die Straßenrand-
bebauung zugunsten
einer Cour d'honneur
auf, die in dem großen
Torbogen zum Hof ihren
Mittelpunkt hat.

High-Tech-Architektur

Nicht zuletzt bestärkt durch die Erfolge der Weltraumfahrt führte Anfang der siebziger Jahre eine zunehmende Faszination für Technik zu einer Ästhethisierung technischer Konstruktionsweisen und Materialien in der Baukunst. High-Tech als Stilbegriff in Architektur und Design setzte sich mit dem gleichnamigen Buch von Joan Klon und Susan Selsin (1978) durch. Die New Yorker Designer bedienten sich zunehmend technischer Serienbauteile zur Gestaltung von Privaträumen oder nutzten Fertigungsteile aus industriellen oder militärischen Anwendungen zur Möbelproduktion. Zwei grundlegende Haltungen sind in der High-Tech-Architektur zu unterscheiden: Entweder dient die Sichtbarmachung der Technik zur Veranschaulichung der Konstruktionsweise oder sie ist Ausdruck einer neuen Ästhetik. Die erstgenannte Richtung hat ihre Wurzeln in der Ingenieurkunst des 19. Jahrhunderts und den Ideen der russischen Konstruktivisten. Architekten und Ingenieure wie Richard Buckminster Fuller (1895–1983), Jean Prouvé (1901–84), Max Mengeringhausen und Konrad Wachsmann (1901–80) beschäftigten sich nach dem Zweiten Weltkrieg intensiv mit neuen konstruktiven Möglichkeiten, wie Leichtbau-

130 Frei Otto, Rolf Gutbrod, Deutscher Pavillon, Weltausstellung in Montreal, 1965–67. Erstmals wurde hier eine asymmetrische Dachform entwickelt. Eine Seilnetzkonstruktion trat an die Stelle der bis dahin von Frei Otto benutzten selbsttragenden additiv aneinandergefügten Membranhäute. Dieses System wurde beim Olympiadach in München (1968–72) von Günther Behnisch unter Beratung von Frei Otto in einem neuen Maßstab ausgeführt. Erstmals wurde dabei auch der Computer zur Bestimmung der Form eingesetzt.

systemen aus Membran- und Hänge-konstruktionen. Vor allem Frei Otto nutzte Vorbilder aus der Natur, wie Kieselalgen, Spinnennetze oder Sei-fenblasen, als Modell für neue räum-liche Strukturen. Die Natur als Vor-bild lehrt die Architekten einen minimalen Materialeinsatz.

Unverkleidete Rohre und Lüftungs-schächte hatten schon Alison und Peter Smithson in ihren Bauten ge-zeigt. Bis zum äußersten getrieben wurde dieser Ansatz von Renzo Piano (*1937) und Richard Rogers (*1933) mit dem Bau des Centre Pompidou in Paris (1971–77). Die gesamten »Ein-geweide« des Kulturzentrums wurden hier gleichsam nach außen gestülpt und als Gestaltungselement an der

Fassade genutzt. Das so geschaffene Gebäude gleicht im wahrsten Sinne des Wortes einer »Kulturmaschine« und erregte begeisterte Zustimmung und gleicherma-ßen heftige Ablehnung. Es gelang ihm jedoch, eine neue Ästhetik entscheidend zu prägen und neben den kanonisierten historischen Stilen einen neuen Stil zu etablieren.

Hat das Centre Pompidou noch etwas Heiteres und Spielerisches, so nehmen die nachfolgenden Gebäude-maschinen Rogers' sehr viel monumentalere Züge an. Bei dem Gebäude für die Versicherung Lloyds in Lon-don (1979–86) überragt die zwölfgeschossige Halle mit ihren außenliegenden Tragstrukturen die abge-treppten Bürotrakte. An den Außenkanten des Gebäu-des dominieren die mit Stahlpaneelen ummantelten Treppentürme.

Einen ebenfalls monumentalen Raum mit fast sakra-ler Wirkung schuf Norman Foster (*1935) im spekta-kulären Hochhaus der Hongkong and Shanghai Bank (1979–86). Zweimal vier Stahlfachwerktürme bilden die Grundkonstruktion. An jedem hängt außen ein

131   Richard Rogers, Renzo Piano, Centre Na-tional d'Art et de Culture Georges Pompidou, Paris, 1971–77. Das Ge-bäude setzt sich mit sei-nen Ausmaßen (166 m Länge, 66 m Breite und 42 m Höhe) über die umgebende kleinteilige alte Stadtstruktur hin-weg. Tragwerk und Er-schließungssysteme sind nach außen gelegt, so lassen sich die sechs 50 m mal 150 m großen Hallen variabel unter-tei-len und nutzen. Sie be-herbergen das National-museum für moderne Kunst, die Mediathek, das Kinozentrum, einen Versammlungssaal und Räume für Wechselaus-stellungen.

132 Norman Foster Associates, Ove Arup und Partner, Hongkong and Shanghai Bank, Hongkong, 1979–86. Computergesteuerte Spiegel und Reflektoren leiten Tageslicht bis in die Tiefen des Gebäudes. Als Klimaschranke ist ein Glasdach über dem offenen Erdgeschoss eingehängt. Die Erschließung der Räume für den Publikumsverkehr erfolgt über Rolltreppen.

Erschließungskern. Im Inneren sind die 47 über 33 m freitragenden Geschosse eingehängt. Die Mitte des Gebäudes bleibt frei. Diese technoiden Kathedralen dienen nicht mehr der Gesellschaft, sondern der Imagepflege einzelner Großunternehmen.

In den ORF-Landesstudios des Wiener Architekten Gustav Peichl (*1928) behalten Konstruktion und technische Elemente einen humanen Maßstab. Man könnte bei ihm von einem technoiden Funktionalismus sprechen. Peichl, der auch als Karikaturist tätig ist, überträgt seinen hintergründigen Humor auf seine Bauwerke.

Der Spanier Santiago Calatrava (*1951) ist ein wahrer Grenzgänger zwischen Ingenieurkunst und Architektur. Er entwickelt architektonische Formen von organischer Weichheit mit Hilfe hochkomplexer technischer Konstruktionen vor allem für seine Brücken, die von ungeheurer Leichtigkeit und Eleganz sind. Das Geheimnis von Calatravas Strukturen ist eine Art »Umlenken« der Kräfte im letzten Moment, wodurch ein magischer Schwebzustand erreicht wird.

Die Bauten des französischen Architekt Jean Nouvel (*1945) fallen durch ihre provozierende Gestaltung auf. Besonders deutlich wird das bei seinem Umbau der Oper von Lyon (1986–93), wo die kühle Konstruktion aus Glas und Stahl den historistischen Baukörper gleichsam aufbricht. Charakteristisch für Nouvels Architekturen – fast ein Markenzeichen – sind weit vorkragende Dächer, so das »fliegende« Dach über dem Kongresszentrum von Luzern (1990–98). Er nutzt die technischen Möglichkeiten aber immer wieder zu überraschenden Bildern. Bei seinem ersten realisierten Gebäude, dem Krankenhaus Val Notre Dame in Bezons (1978), weckt der mit Metall verkleidete Baukörper mit Masten und Reling die Assoziation an einen Ozeandampfer und vermittelt den Patienten den Eindruck, eine kurze Reise zu unternehmen. Die hochkomplexen Metallelemente der Sonnenschutzfassade des Institut du Monde Arabe (1981–87) bilden ein ornamentales Muster, das an die geschlitzten Fenster arabischer Häuser erinnert.

Eine Art High-Tech-Minimalismus pflegt sein Landsmann Dominique Perrault (*1953), dessen Bauten sich durch eine ungewöhnlich qualitätvolle Verarbeitung industriell erzeugter Baumaterialien auszeichnen. Die Bibliothèque Nationale de France in Paris (1989–97), eines der »grands projets« aus der Zeit François Mitterands, gehört zu seinen spektakulärsten Bauten. Auf einem Stufensockel erheben sich vier 80 m hohe winkelförmige »Büchertürme«. Sie umschließen ein vom Erdgeschossniveau aus um 21 m abgesenktes Waldstück. Die Türme sind vollständig verglast, was ihnen aus der Ferne einen fast epheren Charakter verleiht. Aus der Nähe scheinen durch die Klarglasscheiben Wandpaneele aus Holz wie schmale Buchrücken.

133 Norman Foster, geb. 1935 in Manchester, studierte an der Universität Manchester und an der Yale University. Er ging zunächst eine Bürogemeinschaft mit Richard Rogers ein und gründete 1967 das Büro Foster Associates. Er baute zunächst eine Reihe freistehender Leichtbauten für Büros und Industriehallen. Das innovativste unter diesen ist das Verwaltungsgebäude für Willis Faber & Dumas (1971–75) in Ipswich. Die Hongkong and Shanghai Bank markiert den Endpunkt seiner monumentalistischen, technoiden Architektur. Mittlerweile beschäftigt sich Foster mit Hochtechnologie aus der Luft- und Raumfahrt und Energietechniken für das Bauwesen. Seine Architektur wird glatter und nähert sich der klassischen Moderne an. Sein bisher am meisten beachtetes Projekt ist der Umbau des Reichstags in Berlin als Sitz des Deutschen Bundestags (1993–2000).

Ein wahrer Meister der High-Tech-Architektur aber ist
der Japaner Toyo Ito (*1941). Bei seinen beiden jüngsten
Projekten, zwei kleinen Pavillons in Brüssel (2002) und
im Londoner Hyde Park (2002) ergab sich die Form aus
der Konstruktion. Versucht wurde, das klassische Verhältnis von tragender Wand und lastender Decke auf-
zuheben und eine in sich stabile Hülle zu konstruieren.
Toyo Ito spricht davon, das starre System von Stütze
und Last in Dynamik zu übertragen. Erste Ansätze zu
dieser ganz neuen Auffassung der Konstruktion finden
sich schon in seinem eigenen Wohnhaus »Silber Hütte«

134 Santiago Calatrava,
Alamillo Brücke, Sevilla,
1987–92.
Calatrava gelingt es
stets, die notwenigen
technischen Strukturen
in eine dynamische Form
von poetischem Reiz zu
verwandeln.

(1984), dem inzwischen abgerissenen Restaurant
»Nomad« in Tokio und dem »Turm der Winde« in
Yokohama (beide 1986). Bei der Mediathek von Sendai
(fertiggestellt 2001) ermöglichte eine bisher einzigartige
biegesteife Konstruktion sechs Geschosse von unterschiedlicher Höhe. Die tragenden »Säulen« aus Rohr-
geflecht folgen keinem strengen Rastersystem mehr, so
dass große offene Geschossflächen entstehen.

Als führend bei der Entwicklung von Baukonstruk-
tionen mit geringstem Aufwand gilt seit den siebziger
Jahren Frei Otto (*1925), der sich schon früh der Frage

135 Jean Nouvel, Institut du Monde Arabe, Paris, 1981–87. Die Südfassade des Institutes bedeckt ein komplexes geometrisches Muster aus beweglichen Metallteilen, die wie die Blende einer Kamera automatisch den Lichteinfall regulieren.
Leider hat sich der High-Tech-Mechanismus als sehr störungsanfällig erwiesen.

der Nachhaltigkeit in der Architektur zuwandte. Er kann insofern als Gründungsvater des ökologischen Bauens bezeichnet werden. Mit seinen kühnen Dachkonstruktionen verhalf Frei Otto dem abendländischen Zelt zu einer wahren Renaissance. Seine Entwürfe, wie der deutsche Pavillon für die Weltausstellung 1967 in Montreal, waren vielbeachtet, galten aber wegen ihres ephemeren Charakters nicht als Architektur im eigentlichen Sinn, weshalb sie vor allem für temporäre Bauten Verwendung fanden.

Heute geht es beim ökologischen Bauen vor allem um energie- und ressourcensparende Maßnahmen, die sich nicht allein auf Konstruktionsweisen und Materialien beschränken, sondern ein komplexes System unterschiedlichster Möglichkeiten umfassen. Deshalb erarbeiten heute Architekten zusammen mit Fach-

136 Dominique Perrault, Bibliothèque Nationale de France, Paris 1989–97. Die High-Tech-Fassadenelemente wurden im Hinblick auf größte Transparenz und Feuersicherheit konstruiert und sind zudem in der Lage, den Luftdruck selbsttätig zu regulieren.

137 Toyo Ito, Media-
thek, Sendai, 2001 fer-
tiggestellt. Bei Anbruch
der Dunkelheit verwan-
delt sich die Mediathek
in einen Leuchtkörper.
Im offenen Dachaufbau
mit den großen Gitterros-
ten sieht man die vege-
tabilen Säulengeflechte.
An ihnen sind die Ge-
schossplatten von 20 m
Spannweite und einer
Dicke von 40 cm, die bis
zu 4,50 m weit auskra-
gen, befestigt. Jede Ge-
schossplatte wiederum
besteht aus einer Waben-
struktur in wechselnder
Gliederung. Errichtet wurde das Traggerüst von
erfahrenen, äußerst prä-
zise arbeitenden Schiffs-
bauern.

ingenieuren, Bauphysikern, Biolo-
gen, Medizinern und Materialwis-
senschaftlern neue Ansätze. Die
zum Einsatz kommende Computer-,
Öko- und Biotechnologie ist in der
Regel klein und unauffällig und
daher das Erscheinungsbild dieser
High-Tech-Ökologie-Architektur von
kühler Eleganz geprägt.

Thomas Herzog (*1941) gehört
seit fast zwei Jahrzehnten zu den
Pionieren solarer Architektur und
innovativer Bauforschung. Beim
Design Centrum in Linz (1989–93)
ermöglicht ein neuartiges, flach-
gewölbtes Glasdach optimale Licht-
verhältnisse und eine weitgehend
natürliche Belüftung. Stählerne Bögen überspannen
76 m und überdecken eine von Stützen freie Fläche
von 204 x 80 m. Für den Messebau bedeutete dies eine
wahre Revolution.

Die Architektur von Bahnhöfen war schon immer ein
innovatives Feld für die Ingenieurkunst. Die riesigen
Hallen, mit denen seit Ende des 19. Jahrhunderts dem
technischen Fortschritt gehuldigt wurde, zeigten ihre
gusseiserne Konstruktion ganz offen. Nachdem der
Bahnhof lange im Schatten der Flughäfen stand, hat er
in den letzten Jahren eine wahre Renaissance erlebt. Eines der größten Projekte war der Bahnhof Lille-Europe
für den Eurostar, den Zug, der Paris durch den Kanal-
tunnel mit London verbindet. Nicholas Grimshaw
(*1939) entwarf den internationalen Terminal für den
Eurostar im Bahnhof von Waterloo (1988–93). Der
gläserne Baukörper passt sich der langgezogenen Gleis-
kurve an. Geschwindigkeit und Bewegung werden damit metaphorisch auf den Baukörper übertragen.

Flughäfen sind heute nicht mehr nur Durchgangs-
stationen ohne architektonischen Reiz, zumal an wichtigen Verkehrsknotenpunkten entwickeln sie sich
immer mehr zu eigenen Städten. Besonders ist dies in

138 Thomas Herzog, Messehalle 26, Hannover, 1995–96. Hier vervollkommnete Herzog seinen Ansatz des Design Centrums in Linz. Durch die Entwicklung eines Belüftungskonzeptes aus natürlicher und künstlicher Lüftung konnte der Energieaufwand für die Raumluft um 50 Prozent gesenkt werden. Die Belichtung der Halle ermöglichen die fast ganz in Glas aufgelösten Nordwände und das in Teilen verspiegelte Dach. Im Inneren entstanden drei große stützenlose, frei bespielbare Ausstellungsflächen.

den wachsenden Wirtschaftszentren Asiens zu beobachten. Was verkörpert die Vorstellung vom Fliegen mehr als eine kühle High-Tech-Architektur? Aber wie bei den Bahnhöfen weisen auch die neueren Flughafenbauten, insbesondere in den Bereichen der Passagierterminals, deutlich eine bildhafte Gestaltung und lokale Bezüge auf. Jeder Flughafen hat sein individuelles Gesicht.

So erstrecken sich Gärten zu beiden Seiten des Schalterbereiches des neuen Bangkok International Airport (im Bau) von Murphy/Jahn Associates, geschützt von einem langgezogenen horizontalen Spalierdach aus Stahl und Glas. Kühle Hight-Tech-Konstruktion und Landschaft verschmelzen hier zu einer neuen Einheit. Cesare Pellis neue Abflughalle am Ronald Reagan National Airport in Washington (1988–97) erinnert an die großen Verkehrsbauten des 19. Jahrhunderts. Die 528 m lange Halle besteht aus zwei Schiffen, die von Kuppeln überwölbt werden, deren stählerne Rippenkonstruktion auf schlanken Stahlsäulen ruht. Die Assoziation an eine gotische Kathedrale liegt nahe.

139 Kisho Kurokawa, Kuala Lumpur International Airport, 1990ff. Die Abflughalle für den internationalen Verkehr ist mit einem zeltartigen Dach geschlossen. Es besteht aus hyperbolischen Paraboloiden, schalenförmigen Elementen, die von konischen Säulen gestützt werden. Traditionelle islamische Gestaltungselemente sind hier in eine moderne Sprache übertragen worden und schaffen damit einen eindeutigen Bezug zur Umgebung.

»Kritische Rekonstruktion« –
Dialog zwischen Alt und Neu

Der Umgang mit dem gebauten historischen Erbe beschäftigt jede Architektengeneration wieder aufs Neue.
Dabei geht es immer um die gleichen Probleme: Ab-
riss eines historischen Bauwerkes, um es durch ein
dem Zeitgeist und einer veränderten Ästhetik angepass-
tes neueres Gebäude zu ersetzen; Änderung der ursprünglichen Nutzung, was fast immer eine radikale
Umgestaltung des Inneren zur Folge hat; Erweiterung
oder Aufstockung eines alten Bauwerks; Schließen von
Baulücken im historischen Bestand.

Nach dem Krieg baute Hans Döllgast (1891–1974)
die schwer zerstörte Alte Pinakothek in München,

140   Hans Döllgast,
Wiederaufbau der Alten
Pinakothek, München
1946–56. Im Inneren
wurden die Räume des
Museums neu organi-
siert. Das Treppenhaus
verlegte Döllgast an die
Rückseite. Der schmale,
schachtartige Raum mit
seinen beiden sanft an-
steigenden Treppenläu-
fen hat bis heute nichts
von seiner strengen
Feierlichkeit eingebüßt.

141 Karljosef Schattner, Lehrstuhl für Journalistik, Eichstätt, 1985–87. Der Haupteingang zu dem Lehrgebäude zwängt sich zwischen die beiden Orangerieflügel der barocken Sommerresidenz. Gegen die feingliedrigen historischen Fassaden setzt der flachgedeckte Baukörper ein einziges Motiv: einen großen Torausschnitt.

einen Bau Leo von Klenzes, wieder auf (1946–56). Dabei ergänzte er die zerstörten Teile mit einfachem Ziegelmauerwerk und Sichtbeton. Die Zerstörung wurde nicht beschönigt, der historischen Architektur aber auch keine »laute, auftrumpfende« Architektursprache entgegengesetzt. Es entstand viel mehr ein harmonisches Ganzes von strenger Zurückhaltung, bei dem Tradition und Zeitlosigkeit miteinander verschmelzen. Der Bau gilt bis heute als ein vorbildliches Beispiel für den Umgang mit historischer Bausubstanz. Mit Recht kann man von einer gelungen »kritischen Rekonstruktion« sprechen. Dieser Begriff wurde im europäischen Denkmaljahr 1975 geprägt und gilt bis heute als Leitbild für den Umgang mit dem historischen Erbe.

In Deutschland hat vor allem Karljosef Schattner (*1924) den Dialog zwischen Alt und Neu maßgeblich gestaltet. Kein zeitgenössischer Architekt fühlte sich je so sehr mit einem einzigen Ort verbunden wie er. Es ist die kleine barocke Residenzstadt Eichstätt in Süddeutschland, wo er über dreißig Jahre als Diözesanbaumeister wirkte. Mit einer dezidiert eigenen, an der klassischen Moderne orientierten Architektursprache hat er bei all seinen Projekten dem Genius loci Respekt gezollt. Das gilt genauso für die Einrichtung eines Lesesaales im Innenhof des Ulmer Hofes (1978–80) wie

142 Carlo Scarpa, Umbau des Museo di Castelvecchio, Verona, 1956–64, Blick in die Eingangshalle. Die Wege aus Natursteinplatten halten bewusst Abstand zum historischen Gebäude. Sie entwickeln eine ganz eigene plastische Qualität, wie sie für das Œuvre Scarpas charakteristisch ist. So auch bei seiner vielbeachteten Friedhofsanlage Brion in San Vito d'Altivole (1969–75), die eine subtile Komposition aus freiplastischen »Objets trouvés« ist.

für eines seiner letzten Projekte, die Umgestaltung von Schloss Hirschberg in eine Bildungsstätte (1987–92). Neben Hans Döllgast war vor allem Carlo Scarpa Schattners großes Vorbild.

Das Œuvre des 1906 in Venedig geborenen Scarpa zeichnet sich vor allem durch eine Reihe von Ausstellungsgestaltungen und Museumsbauten aus. Er reorganisierte so bekannte Sammlungen wie die Gallerie dell' Accademia (1945–59) und das Museo Correr (1953–60), beide in Venedig, und einige Säle der Florentiner Uffizien (1954–56). Sein umfangreichster Eingriff ist allerdings der Umbau des Museo di Castelvecchio im ehemaligen Herzogspalast von Verona (1956–64). Die Schwierigkeit bei diesem Um-

143 Rafael Moneo, Nationalmuseum für Römische Kunst, Meria, 1980–86.

bau bestand darin, dass die ehemalige Burg aus dem 14. Jahrhundert im Laufe der Zeit immer wieder verändert worden war, es also nicht um die Rekonstruktion eines bestimmten historischen Zustandes gehen konnte. Scarpa entschied sich daher, »einige wichtige Akzente zu setzen, um die unnatürlichen Symmetrien zu durchbrechen, die Gotik fordert das.« Entstanden ist ein Gesamtkunstwerk, bei dem die einzelnen historischen Schichten, ja sogar manche Restauration freigelegt wurden. Scarpas strenge, aber offene Architektur, die sich durch einen kühnen Materialmix und pointierte Details auszeichnet, führte zu einer neuen Interpretation des Baus und seiner Kunstschätze.

Das Bemühen, die architektonische Haltung eines historischen Ortes mit eigenen zeitgenössischen Mitteln aufzugreifen, bewies der Spanier Rafael Moneo (*1937) beim Museo de Arte Romano in Mérida

(1980–86). Das Erbe der Antike ist hier im Straßenbild allgegenwärtig, und das Museum liegt in unmittelbarer Nachbarschaft des römischen Theaters, dem es nicht zuletzt durch die Materialwahl unverkennbar seine Reverenz erweist. Eine Reihe von mächtigen hintereinander gestaffelten Ziegelmauern und weite Rundbögen erinnern an die antike Baukunst. Die Assoziation wird überraschend durch den abrupten Übergang zu einer flachen Decke gebrochen.

Mittlerweile sind es auch schon die Bauten der fünfziger und sechziger Jahre, die von Neubauten bedroht werden, zumal ihre Innendisposition heutigen Wohn- oder Büronutzungen nicht mehr entspricht und insbesondere ihre Fassaden den heutigen Anforderungen an Wärme- und Schallschutz nicht mehr genügen. Allzu

144 Herzog & de Meuron, SUVA-Gebäude, Basel, 1994. Die neue Fassade ist wie eine zweite Haut für das Gebäude. Sie reagiert sensibel durch die zu schließenden und öffnenden Elemente sowie auf Temperaturschwankungen und Sonnlichteinstrahlung. Darüberhinaus bietet sie akustischen Schutz.

145 Herzog & de Meuron, Tate Modern, London, eröffnet 2000. Eine der größten und bedeutendsten Sammlungen Moderner Kunst wurde in dem 1981 stillgelegten Kraftwerk auf der Londoner Bankside untergebracht. Der gewaltige Ziegelbau mit seinem massigen Kaminturm wurde völlig entkernt. Dort wo einst die Turbinen ratterten, entstand eine große Eingangs- und Ausstellungshalle. Die neuen Galerieflächen wurden als Stahltragwerk im ehemaligen Kesselhaus bis zur siebten Etage unter das Dach gestapelt.

voreilig ist aber schon mancher charakteristische Bau verschwunden.

Zu einer ganz ungewöhnlichen Lösung fanden die beiden Schweizer Architekten Jacques Herzog (* 1950) und Pierre de Meuron (* 1950) bei der Umgestaltung und Erweiterung des Gebäudes der SUVA (Schweizerische Unfallversicherung) in Basel aus den fünfziger Jahren. Sie umgaben den historischen Bau sowie den von ihnen angefügten Flügel mit einer von 900 Motoren bewegten mechanischen Glas-Aluminium-Fassade. Die »Umglasung« des gesamten Komplexes suggeriert eine Einheit, die jedoch durch die vagen Durchblicke auf die dahinter liegenden Fassaden immer wieder gebrochen wird. Die beiden Basler richten bei ihren Bauten stets besonderes Augenmerk auf die Gebäudehüllen, wobei sie mittels serigraphischer Drucktechniken neue Erscheinungsformen auf Glas und Beton erproben. Ihre wohl spektakulärste Umgestaltung ist die Einrichtung der Londoner Tate Modern in einem ehemaligen Kraftwerk am Ufer der Themse (2001 eröffnet).

Ein spannungsreiches Ensemble schuf Peter Kulka (*1937) mit seinem Erweiterungsbau für den Sächsischen Landtag (abgeschlossen 1994) und der 1997 vollendeten Sanierung des historischen Bauwerks von Barthold und Tiede aus dem Jahre 1928–31. Der Neubau wahrt den Maßstab gegenüber dem Vorhandenen und setzt sich gleichzeitig deutlich durch seine Transparenz von dem steinernen historischen Bau mit seiner Lochfassade ab.

Der wohl meist beachtete und diskutierte Umbau der letzten Jahre ist ohne Zweifel jener des Berliner Reichstagsgebäudes (1993–99). Der Bau von Paul Wallot wurde für den deutschen Bundestag von Norman Foster, der als Sieger aus einem internationalen Wettbewerb hervorgegangen war, umgestaltet. Nach langem Ringen erhielt das historische Gebäude wieder eine Kuppel – entgegen dem preisgekrönten Wettbewerbsentwurf von Foster. Die neue Kuppel besteht aus einer Stahlkonstruktion, deren äußere Hülle schuppenartig verglast ist. Sie ist in ihrem Inneren für Besucher zugänglich,

147   Norman Foster, Umbau des Berliner Reichstagsgebäudes, 1993–99. An zahlreichen Stellen wurden die Graffiti von Soldaten der Roten Armee vom Mai 1945 im Wandbereich sichtbar belassen.

148   Norman Foster, Umbau des Berliner Reichstagsgebäudes, 1993–99. Von der sieben Meter unter dem Kuppelansatz gelegenen Aussichtsplattform bietet sich den Besuchern ein einzigartiger Rundblick über die Stadt.

und so »tanzt« das Volk den Abgeordneten gleichsam auf den Köpfen herum. Der eigentliche historische Baukörper, die »Kommode«, wie die Berliner ihn nennen, wurde nahezu vollständig entkernt. 1996 fuhr man in nur wenigen Monaten 45.000 Tonnen Bauschutt weg. Von den Einbauten Paul Baumgartens aus den sechziger Jahren blieb nichts mehr erhalten. Foster bediente sich einer nüchternen, technoiden Architektursprache aus Stahl, Glas und Beton. Farbakzente setzen im Gebäude die zahlreichen Kunstwerke. In den Sitzungssälen der Abgeordneten wurden bis über Kopfhöhe reichende Wandpaneele in kräftigen Farben angebracht. Für die Innengestaltung zog Foster den dänischen Designer Per Arnoldi mit hinzu.

Dekonstruktivismus

Die zunehmende Globalisierung in den beiden letzten Jahrzehnten des Jahrhunderts führt nicht nur zu neuen weltumspannenden Allianzen, sondern hat auch gleichzeitig eine fortschreitende Zersplitterung der Gesellschaft und die Auflösung traditioneller Bindungen zur Folge. Der bis dahin nie in Frage gestellte Versuch, in der Baukunst durch wissenschaftlich-rationale Lösungen und die Suche nach Urelementen und -typen einen ganzheitlichen Sinnzusammenhang herzustellen, lässt sich mit der allgemeinen Lebenserfahrung immer weniger in Einklang bringen. Deshalb war es nicht verwunderlich, dass sich in den achtziger Jahren Künstler und Architekten gegen die »Ganzheitsmisere« auflehnten. Zersplittern, zerstückeln, fragmentieren und wieder neu zusammensetzen, ohne die Brüche und Risse zu vertuschen – das wurde als neuer Weg angesehen, um zu tiefer liegenden Sinnzusammenhängen zu gelangen. Für die Architektur bedeutete dies den Ausbruch aus dem ehernen Gesetz der Tektonik, das stets den Zusammenhang von Tragen und Lasten respektiert. Schräg gestellte Wände, Stützen, die ins Leere gehen, wahllos über eine Fassade verteilte Öffnungen und scheinbar zertrümmerte Volumina, disharmonische Farb- und Materialkompositionen und extrem dynamisch wirkende Räume sind die Kennzeichen des Dekonstruktivismus in der Baukunst.

Der von dem französischen Philosophen und Literaturwissenschaftler Jacques Derrida 1967 eingeführte Begriff »Dekonstruktivismus« wurde auf die Architektur übertragen durch eine Ausstellung im Museum of Mo-

149 Frank O. Gehry, eigentlich Goldberg, wurde 1929 in Toronto geboren. Er studierte an der University of Southern California und an der Harvard University. 1962 eröffnete er sein eigenes Büro in Los Angeles. Die gekurvte, voll plastische Architektursprache Gehrys ist einzigartig. Erich Mendelsohn hatte in den zwanziger Jahren schon von solchen runden Volumina geträumt, aber die technischen Möglichkeiten seiner Zeit setzten seinen Entwürfen Grenzen. Ohne die Hilfe des Computers wären die komplexen Gestaltungen Gehrys nicht zu entwickeln. Der Computer entwirft nicht die Form, aber er unterstützt entscheidend den Entwurfsprozess. Gehry zeichnet, wie alle Architekten, und entwickelt das Projekt in kleinteiligen Modellen. Neue Konstruktionsweisen und biegsame Materialien, wie das in seinen letzten Bauten verwendete Titanzink, ermöglichen die Realisation.

150 Frank O. Gehry, Wohnhaus Gehry, Santa Monica, 1977/78 (erste Umbauphase). Gehry umschloss das alte Haus mit einer neuen Außenhülle aus Wellblech, Sperrholz und Maschendraht. Alte und neue Hülle bereichern sich gegenseitig, fördern interessante Korrespondenzen zutage.

dern Art in New York (1988); sie trug den Titel »Deconstructivist Architecture«. Wieder einmal war es Philip Johnson, der einen neuen Stilbegriff in die Architektur einführte, wie bereits 1932 den des »International Style«. Johnson wollte 1988 aber noch nicht von einem »Stil« sprechen: »Dekonstruktivistische Architektur ist kein neuer Stil ... In ihr fließt das Schaffen einiger bedeutender Architekten zusammen, die ähnlich vorgehen und zu äußerst ähnlichen Formen kommen.« Die Ausstellung zeigte Arbeiten von Frank O. Gehry, Daniel Libeskind, Rem Koolhaas, Peter Eisenman, Zaha Hadid, Coop Himmelb(l)au und Bernhard Tschumi. Mit Recht können diese sieben bis heute als die wichtigsten Vertreter der dekonstruktivistischen Bewegung bezeichnet werden.

Zu einem der Pionierbauten der Bewegung wurde Frank O. Gehrys eigenes Wohnhaus in Santa Monica. Schon der Entstehungsprozess des Hauses kann als dekonstruktivistisch bezeichnet werden, denn seit dem Kauf des kleinen, rosafarbenen zweigeschossigen Baus im Jahre 1977 wird es in Phasen immer wieder umgestaltet. Das Haus spiegelt so die Veränderungen im Leben der Familie Gehry wieder. Am Anfang stand ein allgemein akzeptierter Wohnhaustyp, der durch das

Konstruktion bedeutet nicht nur einen baulichen Zusammenhang, sondern bezeichnet auch die Ordnung in einem Denkprozess. Genau an diesem Punkt setzen die Überlegungen des Philosophen und Literaturwissenschaftlers Jacques Derrida an. Für ihn ist Dekonstruktion eine Strategie, philosophische und literarische Texte zu entschlüsseln, um aufzuspüren, was an »Unbewusstheit« einem Text zugrunde liegt. Dekonstruktion wird nicht von außen an die gegebenen Strukturen herangetragen, sondern sie arbeitet mit den Mitteln des zu entschlüsselnden Systems. Sie ist »Schichtarbeit« und soll am Ende zu einer widerspruchsfreien Erkenntnis führen. Für die Architektur, in deren Diskussionen sich Derrida mittlerweile zu Wort gemeldet hat, bedeutet dies etwa, die Vorherrschaft des Nützlichen, Funktionalen oder Schönen aufzubrechen und in einer neuen Gestalt wieder zu vereinen. Dabei ist auch die architekturgeschichtliche Dimension nicht zu vergessen.

Aufbrechen und Ummanteln der ursprünglichen Struktur zu einem sehr individualistischen Haus wurde. Für Gehry ist es nicht wichtig, eine bestimmte Lösung zu fixieren, denn Vollendung schließt Veränderung aus. Der Bau wurde als unprofessionell, als Missgeburt und Ulk beschimpft. Gehry aber möchte Sehgewohnheiten unterlaufen und Funktionszusammenhänge immer wieder neu definieren.

Mit dem Bau des Aerospace Museum in Los Angeles (1982–84) war der Dekonstruktivismus in den USA allgemein akzeptiert. Deutlich zeigt der Gebäudekomplex Gehrys Hang zum Bildhaften und Symbolischen. Über dem Haupteingang schwebt ein Starfighter des Typs Lockheed F104. Zwischen den beiden unterschiedlich gestalteten Baukörpern des Museums steht ein Aussichtsturm, der an eine Startrampe erinnert.

Durch die Freundschaft mit den beiden Bildhauern Richard Serra und Claes Oldenburg nahmen die Gebäude Gehrys immer mehr runde, skulpturale Formen an. Einen entscheidenden Schritt hin zu neuen urba-

151　Frank O. Gehry, Guggenheim Museum, Bilbao, 1991–97. Die Bildhaftigkeit von Gehrys Bauten führt dazu, dass sie oft Spitznamen erhalten. In Bilbao spricht man vom »gestrandeten Wal«. Der Fisch spielt im Werk Gehrys eine wichtige Rolle, einerseits sicherlich wegen seiner Symbolkraft, andererseits aber auch wegen seiner formalen Gestaltungsqualitäten, die sich gründlich von allen geometrischen Abstraktionen der Moderne unterscheiden.

152   Coop Himmel-
b(l)au, Dachausbau
Falkestraße, Wien,
1987–88. Das Dach
wurde in eine Struktur
aus gewölbten und
schrägen Elementen aus
Glas und Metall zerlegt.
Die offenen, geschlos-
senen und gefalteten
Flächen regulieren den
Lichteinfall ins Innere.

nen Strategien markierte der erste Preis im Wettbewerb
für die Disney Hall in Los Angeles (1989). Von außen
sollte die Konzerthalle wie eine riesige geschichtete
Skulptur wirken, die leicht aus der Achse gedreht auf
dem Grundstück sitzt, aber so entscheidende Blickach-
sen mit ihrer Umgebung, dem Music Center und dem
Museum of Contemporary Art, aufgenommen hätte.
Realisieren konnte Gehry einen solch plastischen Baukörper, der einem verwahrlosten Stadtviertel ein neues
Gesicht verleiht, erst mit dem Guggenheim Museum
in Bilbao (1991–97). Dieser »gestrandete Wal« ist schon
vor seiner Vollendung zu einer Inkunabel in Gehrys
Werk geworden. Die irrationale Form des Baukörpers
wird durch den metallisch kühlen Glanz der Titan-
platten, mit denen der Bau verkleidet wurde, verstärkt.
Gehry erreichte damit auch ganz neue ästhetische
Qualitäten.

Eines der ersten spektakulären dekonstruktivistischen
Bauvorhaben in Europa war ein kleiner Dachausbau in

Wien. Die 1968 gegründete Wiener Architektengemeinschaft Coop Himmelb(l)au (Wolf D. Prix, *1942 und Helmut Swiczinsky, *1944) richtete im Dach eines gründerzeitlichen Mietshauses in der Falkestraße das Büro einer Anwaltskanzlei ein. Den Mittelpunkt des Büros bildet ein zentraler Besprechungsraum. Dieser wird von einer Glaskuppel überwölbt. Diese wiederum hängt an einem Diagonalbogen, der über das Kranzgesims des Gebäudes gleichsam »herabstürzt«. Es gibt kein geschlossenes Dach mehr, gebogene Glasflächen, Metallschindeln und Blechlamellen fügen sich zu einem unüberschaubaren äußeren Abschluss; im Inneren der Kuppel liegen die Metallstreben frei.

Die Möbelfirma Vitra ließ sich auf ihrem Firmengelände in Weil am Rhein bei Basel gleich zwei dekonstruktivistische Bauwerke errichten, die unterschiedlicher nicht sein könnten. Das Design-Museum entwarf Frank O. Gehry (1987–89), und das Feuerwehrhaus baute die irakische Architektin Zaha Hadid (1989–93). Für die Irakerin war es ihr erstes Projekt, das auch reali-

153 Zaha Hadid, Feuerwehrhaus, Weil am Rhein, 1984–93. Das auf dünnen, geraden und schräg gestellten Pfeilern weit vorkragende Vordach verleiht dem Bau durch seinen dramatisch-expressiven Gestus etwas Monumentales. Die ursprüngliche Funktion ist in den Hintergrund getreten, und so verwundert es schließlich nicht, dass das Gebäude heute nicht mehr zur Unterbringung der Feuerwehrwagen dient.

163

154 Zaha Hadid, geb. 1950 in Bagdad. Sie absolvierte zunächst ein Mathematikstudium, bevor sie an der Londoner Architectural Association Architektur studierte. Stark beeinflusst wurde sie von ihren Lehrern Elia Zenghelis und Rem Koolhaas. Sie beschäftigt sich intensiv mit dem russischen Konstruktivismus und den Ideen des Suprematismus, den sie in die Dreidimensionalität der Architektur zu übertragen versucht. Zaha Hadid ist die einzige Frau unter den zur Zeit einflussreichen Architekten.

155 Daniel Libeskind, Erweiterung des Berlin Museums und des Jüdischen Museums, 1989–99. Der Baukörper mit seiner eigenwilligen gezackten Form und der spiegelnden Zinkblechverkleidung, der hochaufragende Holocaustturm aus rohem Beton und der Stelen-Garten beharren einerseits – geradezu kompromisslos – auf ihrer Eigenständigkeit, andererseits aber schaffen sie eine neue Ordnung in dem bis dahin so disharmonischen Stadtviertel. »Das Jüdische Museum ist als ein Bau konzipiert, in dem das Unsichtbare und das Sichtbare die strukturellen Merkmale bilden, die in diesem Raum Berlins angesammelt wurden« (Daniel Libeskind).

siert wurde. Zuvor hatte sie bereits mit spektakulären Wettbewerbsentwürfen, vor allem für den Hong Kong Peak, Aufmerksamkeit erregt. Wie die Bauten von Frank O. Gehry sind auch die Entwürfe Zaha Hadids im Grunde genommen Skulpturen. Die Architektin benutzt stereometrische Grundformen, die sie extrem verzerrt. So wirken ihre Bauten gleichermaßen expressiv und exzentrisch, was durch die Farben noch betont wird. Der entscheidende Schritt im Entwurfsprozess ist für Zaha Hadid die topographische Situation. Das Gelände wird in Schichten zerlegt, die sich dann im Bauwerk widerspiegeln.

Mit der Fertigstellung des Erweiterungsbaus des Berlin Museums als Jüdisches Museum im Januar 1999 wurde nicht nur ein wichtiger Beitrag zum Dekonstruktivismus geleistet, sondern eines der bedeutendsten und symbolträchtigsten Bauwerke der letzten Jahrzehnte in Deutschland vollendet. Daniel Libeskinds Gebäude entstehen immer aus einem intellektuellen

Konzept. Für das Jüdische Museum wählte er das Thema »Between the lines« – »Zwischen den Zeilen«. Die erste Dimension des Bauwerks ist ein Liniengeflecht, das unsichtbare Dinge miteinander verbindet. Die Kontur des gezackten Baukörpers entsteht aus einem zerbrochenen Hexagon – dem Davidsstern – und einem Geflecht gedachter Linien vom Standort des Museums zu den Wohnungen großer Gestalten der berlinisch-jüdischen Kulturgeschichte. Lange Parallelen und sich schneidende Linien erzeugen zwischen sich scharf zugespitzte Körper. Die zweite Dimension des Projektes ist die musikalische Komposition von Arnold Schönbergs unvollendeter Oper »Moses und Aron«. Die dritte Dimension ist eine textbezogene, das Verzeichnis aller jüdischen Menschen, die aus Berlin deportiert worden sind.

Dem Anspruch des Dekonstruktivismus, tieferliegende Sinnzusammenhänge freizulegen, wird kein Bau so gerecht wie der des Jüdischen Museums.

156 Daniel Libeskind, geb. 1946 in Lòdz in Polen, kam 1960 nach einem Zwischenaufenthalt in Israel in die USA. Er studierte Architektur an der Cooper Union School in New York und an der Essex University in England. 1998 wurde mit dem Felix-Nußbaum-Museum in Osnabrück sein erster Museumsbau eröffnet. 2002 ist das Imperial War Museum in Manchester, England, fertiggestellt worden. Zu seinen derzeitigen Projekten zählen die Erweiterung des Victoria & Albert Museum in London; die Philharmonie in Bremen; das Jewish Museum in San Francisco; die JVC-Universität in Guadalajara, Mexiko; das Shoa Centre in Manchester, England.

157 Daniel Libeskind, Erweiterung des Berlin Museums und des Jüdischen Museums, 1989–99, innen. »… das Museum soll um eine Leere herum aufgebaut werden, die durch das Gebäude verläuft, eine Leere in die das Publikum eintreten soll« (Daniel Libeskind). Wie an einer Kette aufgereiht, sind sechs Voids (Hohlräume) in den vielfach gezackten Baukörper eingestellt.

»Die Kultur der Dichte« – Rem Koolhaas

Die Niederlande zählen zu den am dichtesten besiedelten Ländern der Erde. Da verwundert es nicht, dass sich Architekten dort immer wieder mit dem Problem der Wohnverdichtung und der kompakten Stadt beschäftigen. Seit den achtziger Jahren hat sich eine jüngere Architektengeneration dieses Problems erneut angenommen. Die meisten von ihnen haben an der technischen Universität von Delft studiert, eine der innovativen Ausbildungsstätten in Europa. Viele dieser jungen Architekten arbeiten in Teams wie Mecanoo, DVK-Architect oder MVRDV. Beeinflusst sind sie alle von Rem Koolhaas und seinem Office for Metropolitan Architecture, kurz OMA.

OMA wurde 1975 von Rem Koolhaas (*1944), Madelon Vriesendorp und Elia und Zoe Zenghelis in New York und London gegründet. Sie propagieren einen neuen »Metropolismus«. New York ist für sie die Metropole des 20. Jahrhunderts. Eine Stadt besteht für Koolhaas aus einem sich ständig erneuernden Zeichen- und Symbolsystem. New York, der gewaltige Schmelztiegel unterschiedlicher Kulturen und Auffassungen des Way

158   Zoe Zenghelis, The City of the captive Globe (Die Stadt des gefesselten Erdballs), Gouache, 1976. Das Blatt zeigt in ein strenges Straßenraster eingereihte Granitblöcke, auf denen Prototypen der europäischen Architektur gleichsam als abgeschlossene Architekturwelten stehen. In der Mitte der Anlage gibt ein abgeschrägter Trichter den Blick auf die Erdkugel frei. Es wird deutlich, dass die Metropolen den Globus überzogen haben und der Mensch diesen nur noch als Hintergrund wahrnimmt.

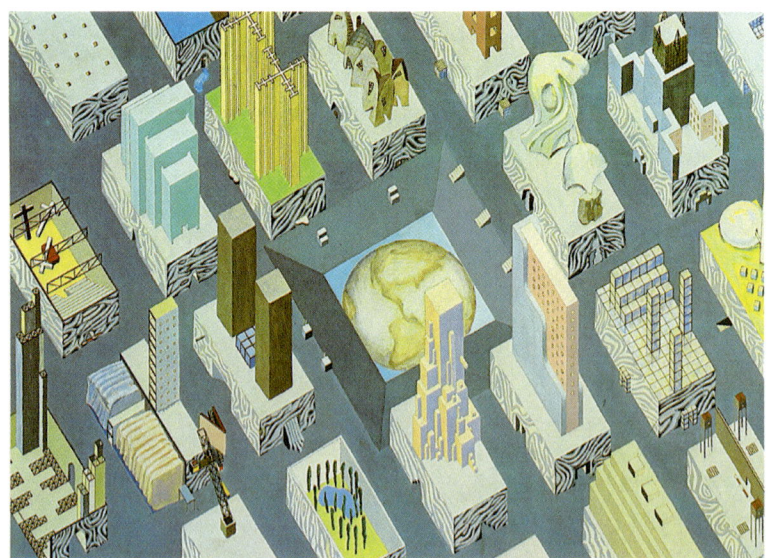

of life, beweist ihm, dass der moderne Mensch heute durch Architektur, Städtebau, Kunst, Design, Werbung und Massenkommunikation mehr bestimmt wird als von der Natur, die nur noch eine untergeordnete Rolle spielt. In seinem 1978 erschienenen Buch »Delirious New York« kleidet er in eine subjektiv erzählte Geschichte seine städtischen Architekturfiktionen. Der von im geprägte Begriff der »Kultur der Dichte« – »Culture of Congestion« – wurde in der Folge zu einem Leitmotiv für den Städtebau.

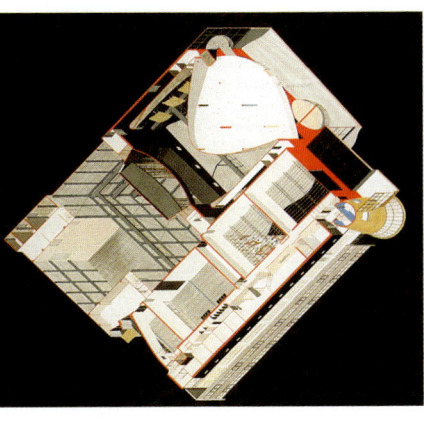

159 Rem Koolhaas, Tanztheater, Den Haag, 1981–87, Zeichnung. Die farbige Fassung der Zeichnung ist eine deutliche Anspielung auf den russischen Konstruktivismus, der das Werk von Rem Koolhaas stark beeinflusst.

Ohne Vermittlung und Beschönigung stellt Koolhaas seine eigenen nüchtern-rationalen Architekturen, die aber immer wieder durch Verzerrungen und unerwartete Gestaltungsmomente gebrochen werden, in die noch vorhandenen Baulücken der Städte. Er wirft damit die provozierende Frage auf, ob die Differenz der Stile bei gleichzeitiger Verbindung der Baukörper ohne modernistische Berührungsängste nicht der heutigen Vorstellung von Stadt sehr viel näher kommt. Um die Probleme der Verdichtung zu lösen, entwirft er Punkthochhäuser und hohe Scheibenblöcke. So schlug er zum großen Erstaunen der Wettbewerbsjury der Internationalen Bauausstellung in Berlin 1980/81 für die Komplettierung der Wohnbebauung an der Kochstraße ebenfalls Scheibenhochhäuser vor.

1984 verlegte Rem Koolhaas OMA nach Rotterdam. Von hier übt er heute einen großen Einfluss auf die europäische Architekturszene aus, und insbesondere auf die Planungen für eine Erneuerung der niederländischen Metropole an der Maas. Zu seinen wichtigsten ausgeführten Bauten zählen das Niederländische Tanztheater in Den Haag (1981–87), die Kunsthalle in Rotterdam (1987–82), das Kongresszentrum in Lille (1991–94) als Teil des Stadterweiterungsprojektes Euro-Lille und

160 Rem Koolhaas, Stefano di Martino, Kees Christianse, Wohnhochhäuser im ehemaligen Hafenterrain von Rotterdam, Triptychon, 1982. Teile des ehemaligen Hafengeländes, das sich auf mehrere Landzungen zwischen dem schon zum Delta verbreiterten Flussbett der Maas und einem parallel verlaufenden Kanal erstreckt, sollen zu einem neuen Stadtviertel mit Wohnungen und Büros umgestaltet werden. Koolhaas sollte die Wirkung von Hochhäusern auf das Bild von Rotterdam untersuchen. Mittlerweile sind an der Kop van Zuid die ersten Bauten realisiert worden. Für den Wilhelminapier, dem der Stadt vorgelagerten Areal des Hafengebiets, legte das Büro von Norman Foster den Masterplan vor. Er sieht mehrere große Bürohochhäuser vor. Die Umstrukturierung des ehemaligen Hafenareals in Rotterdam ist zur Zeit eines der innovativsten Stadtentwicklungsprojekte in Europa.

161 MVRDV (Winy Maas, Jacob van Rijs und Nathalie de Vries), Pig Tower, Entwurf, 2001. Das Konzept verbindet ökologische Aspekte mit einer radikalen Industrialisierung der Tierproduktion. Auf den Geschossen befinden sich nach ökologischen Kriterien gestaltete Farmen. Die Tiere leben auf Stroh und haben Auslauf auf mit Apfelbäumen bepflanzten Terrassen.

das Educatium-Gebäude auf dem Campus der Universität Utrecht (1992–97). Unverkennbar ist die Bedeutung der russischen Konstruktivisten in seinen Bauten.

Unter dem Einfluss von OMA und mit Hilfe von neuer Computertechnologie haben in den letzten Jahren besonders in den Niederlanden junge Büros von sich reden gemacht. Kennzeichen ihrer Entwürfe sind komplexe, gefaltete Grundrisse und dreidimensional gekrümmte Flächen. Zu den neueren vielbeachteten Bauten gehören die Rundfunkstation VPRO in Hilversum von MVRDV (1993–97) und die Erasmusbrücke von Ben van Berkel (*1957), einem Schüler von Zaha Hadid. Das Thema der Verdichtung spielt auch weiterhin eine gewichtige Rolle. So präsentierte MVRDV den Niederländischen Pavillon auf der Expo 2000 in Hannover als »gestapelte Landschaft«. Ihr Projekt »Pig Tower« schichtet Weideflächen und Ställe für Schweine, einen Schlachthof und Wohnungen in einem turmartigen Hochhaus übereinander.

Minimalismus und Neue Einfachheit

Ende der achtziger Jahre tauchte in den Architektur-
zeitschriften der Begriff »Minimalismus« auf. Darunter versteht man Bauwerke von meist kubischem
Umriss mit einer äußerst reduzierten Tragwerkskonstruktion, frei von jeglichen dekorativen Elementen.
Verwendet werden ausgewählte Materialien, die auf
das sorgfältigste verarbeitet sind. Eines der ersten
spektakulären Gebäude dieser Art in Europa war die
»Grande Arche« in der Verlängerung der Pariser
Champs-Élysées. Sie ist eigentlich nichts anderes als
ein mächtiger Würfel von 100 m Kantenlänge mit zwei
offenen Seiten. Die Tatsache, dass dort überwiegend
Büros untergebracht sind, war nicht entscheidend für
die Gestaltung. Es sollte vielmehr ein städtebaulicher
Akzent geschaffen werden, dessen Wesensmerkmal
das »Tor« ist.

162   Grande Arche,
Paris, 1984–89. 1983
entschied sich der fran-
zösische Präsident Fran-
çois Mitterrand für den
Entwurf des bis dahin
fast unbekannten däni-
schen Architekten J. O.
von Spreckelsen. Dieser
beschrieb seinen Bau,
dessen Vollendung er
nicht mehr erlebte, mit
den poetischen Worten:
»An open cube/ a win-
dow upon the world/
… It is a modern Arc de
Triomphe / to the glory
of humanity's triumph /
it is a symbol of hope
that in future / people
will meet in freedom.«

Zum »Wesen« einer architektonischen Aufgabe vor-
zudringen ist das vorrangige Anliegen des Minimalismus, der deshalb weniger ein Stil als eine Geisteshal-
tung ist, die in der Reduktion ein moralisches Prinzip
der Vervollkommnung sieht. Minimalistische Tendenzen durchziehen die gesamte Architekturgeschichte.
Ein Bau wie die Trierer Basilika zeigt solche Einflüsse
bereits in der Spätantike. Die Bettelorden des Mittelalters propagierten ihr Armutsgelübde in einem kargen
Kirchenbau. Baumeister wie Palladio, Boulée, Schinkel
und Klenze sahen in der Vereinfachung den Weg, das
Wesentliche der Architektur zu veranschaulichen.

Die Architekten der jüngsten minimalistischen Strömung haben ihre formalen Wurzeln in der rationalistischen Architektur der zwanziger Jahre. War diese geprägt vom Fortschrittsglauben und der Betonung der
Funktionalität des Bauwerks, so leben die heutigen
Minimalisten im Bewusstsein der Fragwürdigkeit un-

163   Peter Zumthor,
Kunsthaus Bregenz,
1996–97. Mit dem Ate-
liergebäude in Halden-
stein (1985–86) und den
Schutzbauten für römi-
sche Funde in Chur
(1986) rückten die En-
würfe Zumthors ins
öffentliche Interesse.
Sie zeichnen sich durch
formale Zurückhaltung
und einen gezielten,
sparsamen Einsatz von
Konstruktion und Mate-
rial aus.

seres Daseins und der Endlichkeit unserer materiellen Ressourcen. Dies mag die Sehnsucht nach stillen Räumen, klaren Ordnungen und soliden Materialien geweckt haben. Die »Neue Einfachheit« kann insofern als zeitlose Antwort auf Postmoderne und Dekonstruktivismus gelten.

Vor allem einige Schweizer Architekten haben sich in den letzten Jahren mit minimalistischen Architekturen hervorgetan, so Peter Zumthor (*1943) mit seinem Thermalbad in Vals (1994–96) oder dem Kunsthaus in Bregenz (1994–97), Annette Gigon (*1959) & Mike Guyer (*1958) mit ihren Museumsbauten in Davos (Kirchner Museum, 1992) und Winterthur (Erweiterung des Kunstmuseums, 1994/95), Ortner & Ortner mit dem Europäischen Designdepot in Klagenfurt (1993–94) und Herzog & de Meuron mit dem Stellwerk in Basel (1995).

Das Arbeitsgericht in Erfurt (1995–99) von Gesine Weinmiller (*1963) veranschaulicht in seiner kompromisslosen Strenge die Konzentration auf die Arbeit. In den kargen Verkaufsräumen der Engländer John

164   Ortner & Ortner, Europäisches Design Depot, Klagenfurt, 1993–94. Der blaue Kubus wirkt wie eine riesige Skulptur. Er erinnert an Skulpturen von Donald Judd, Carl Andre oder Robert Morris, für die Anfang der sechziger Jahre zunächst der Begriff »Minimalismus« geprägt wurde.

165   Annette Gigon & Mike Guyer, Erweiterung des Kunstmuseums Winterthur, 1993–95. Der Erweiterungsbau setzt sich sowohl in Gestalt wie Materialwahl ganz entschieden vom benachbarten historistischen Museumsbau ab. Es ist ein schlichter, langgestreckter Baukörper, außen mit industriell gefertigten Glaspaneelen verkleidet. Im Inneren befinden sich vier weiß getünchte Ausstellungsräume, die durch Sheddächer belichtet werden. Zwei große Panoramafenster erlauben dem Besucher einen Ausblick ins Freie und fixieren – wie in einem Bilderrahmen – einen kleinen Ausschnitt der Natur.

Pawson und Claudio Silestrin werden die exklusiven Kleidungsstücke wie Kultgegenstände zelebriert.

Mit Hilfe weniger Lichtöffnungen schuf Álvaro Siza (*1933) in Marco de Canaveses (1990–95) einen Kirchenraum von tiefer Spiritualität. Die komplexe Wegführung um das Gebäude herum zum Haupteingang erinnert an sein Teehaus in Boa Nova (1958–63) oder den Kindergarten in Penafiel (1984–91). Es ist charakteristisch für ihn seine Bauten in die umgebende Landschaft einzubetten. Dabei sucht er stets die Balance zwischen der strengen, autonomen Form seiner Bauwerke und der topographischen Eigenheit, so auch beim Portugiesischen Pavillon für die Expo '98 in Lissabon.

Die minimalistischen Architekturen der Japaner Tadao Ando (*1941), Kazuo Shinohara (*1925), Fumihiko Maki (*1928) und Arata Isozaki (*1931) sind Teil einer Jahrhunderte alten Lebensphilosophie und daher in ihrer Strenge und Kompromisslosigkeit den europäischen Werken überlegen.

Kein Architekt im 20. Jahrhundert hat der spröden Rauheit des Betons eine solche Aura verliehen wie Tadao Ando. Beton und Glas sind die Materialien, die das Erscheinungsbild seiner streng kubischen Bauten bestimmen, die Räume von großer Ruhe umschließen. Diese Charakteristika prägten schon sein erstes bekann-

tes Werk, das Wohnhaus Koshino in Ashiya bei Kobe
(1979–81). Zwei parallel zueinander angeordnete Be-
tonkuben erstrecken sich in einem Nationalpark. Die
Beleuchtung erfolgt durch schmale Schlitze im Mauerwerk und durch wenige Glasflächen. In dem fächerför-
migen Anbau (1983–84), der im Erdreich versenkt ist,
fällt das Licht nur von oben ein. Eine gezielt einge-
setzte, sehr sparsame Lichtführung spielt in den Bauten Andos eine wichtige Rolle, so auch in der Kirche
des Lichts bei Osaka (1987–98). Auf dem Gelände der
Unesco in Paris errichtete Ando einen 6,5 m hohen
Betonzylinder (1994–95), der keine Tür, nur zwei Öffnungen hat. Es ist ein Ort der Meditation, der Andos
architektonische Haltung wie ein Brennglas widerspie-
gelt. Der Raum vollendet sich für ihn erst durch den
Menschen und umgekehrt.

166 Tadao Ando,
Kirche des Lichts,
1987–98.
In den hermetisch
geschlossenen Beton-
kubus ist an der süd-
östlichen Fassade ein
schmales Kreuz als
einzige Lichtquelle ein-
geschnitten.

Die Architekturszene zu Beginn des 21. Jahrhunderts ist vielfältig: Dekonstruktivismus – High-Tech-Bauten – Minimalismus und digitale Architektur. Sind die Blobmeister die architektonischen Meister der Zukunft?

Konrad Wachsmann verfocht in seinem 1959 erschienenen Buch »Wendepunkt im Bauen« die These, dass sich mit veränderten Produktionsbedingungen auch die Baukunst ändere. Für seine Generation bedeutete die Massenproduktion die Überwindung einer bis dahin handwerklich bestimmten Welt. Stehen wir heute wieder vor einem solchen Wendepunkt, wo sich der Informationsgesellschaft, dank Computer und Highend-Software, bislang ungeahnte Möglichkeiten auftun? Der Architekturkritiker Andreas Ruby prophezeite jüngst, dass sich die Produktionsbedingungen der Architektur so stark verändern könnten »wie vorher in ihrer Geschichte vielleicht nur die Zentralperspektive und die Industrialisierung zusammengenommen«.

Computer sind heute aus den Architekturbüros genauso wenig weg zu denken wie aus den Fertigungshallen der Industrie. Dabei hat die Computerisierung bereits mehrere Stadien durchlaufen. Anfänglich diente der Computer als ein besserer »Stift« zur effizienteren Planzeichnung, später dann auch als architektonisches Entwurfsinstrument, heute liefert er

167 Frank. O. Gehry, Zollhof, Düsseldorf, 1994–2000. Die gewellten Fassadenflächen bestehen aus Platten, die einzeln in Styroporformen gegossen wurden. Die Formen wurden mittels der Datenübertragung aus dem Entwurf direkt von der Maschine gefräst. Nummeriert und mit Montagehaken versehen, mussten sie an der Baustelle nur noch an der entsprechenden Stelle montiert werden.

häufig bereits die Daten für den Fertigungsprozess. Das bedeutet, dass der Computer nicht nur anhand vorgegebener Parameter eine Form kreiert, sondern gleichzeitig auch die entscheidende Information für die bauliche Realisierung zur Verfügung stellt. Im herkömmlichen Entwurfsprozess wird die räumliche Form durch Grundriss, Ansicht und Schnitt räumlich visualisiert. Mit Hilfe der Software aber kann das Gebäude als virtuelles räumliches Modell im Computer »gebaut« werden. Die so gewonnenen Daten können dann direkt weitergegeben werden, um aus einem bestimmten Material (Polyester, Schaumstoff) ein verkleinertes Modell zu fräsen oder gar das Endprodukt oder eine Negativform herzustellen, die dann in Serie gegossen wird. Dieses sogenannte »File-to-Factory-Verfahren« wurde zuerst für den Flugzeugbau entwickelt. In der Architektur hat es erstmals Frank O. Gehry angewandt, um die Schalungen für seine freiplastischen Raumgebilde ohne komplizierte Schalungspläne realisieren zu können.

Diese Verfahren ermöglichen eine nie da gewesene Formenvielfalt und individuelle Ausdrucksmöglichkeiten. Sie eröffnen Freiräume hin zu einer narrativen, symbolischen und kommunikativen Architektur, von der die Kritiker der rationalen und funktionalen Architektur der siebziger und achtziger Jahre kaum zu träumen wagten.

Fixierte Funktionen werden durch die virtuellen Möglichkeiten aufgehoben. Es gibt heute Versuche mit sogenannten »intelligenten Häusern«, die nicht nur den Energieverbrauch optimal regulieren und die fehlende Lebensmittel im Supermarkt ordern, sondern auch das Ambiente der Räume je nach Bedarf ändern. Diese Bauten zielen auf die freie Entfaltung der Funktionen, wie sie einst Mies van der Rohe im fließenden Raum verwirklichen wollte.

Ob wir wirklich auf dem Weg zu einer neuen Baukunst sind oder ob die digitale Architektur letztlich nur ein neuer Stil unter anderen ist, muss allerdings die weitere Entwicklung zeigen.

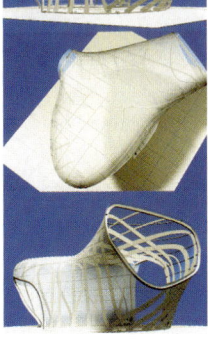

168 Jakob + McFarlane, Restaurant im Centre Pompidou, 1998–99. Aufgabe war es, ein Restaurant mit 250 Sitzplätzen im fünften Obergeschoss des Centre Pompidou zu schaffen. Als Bezugspunkt für ihren Entwurf wählten die Architekten den Fußboden, den sie in Aluminium ausführten. Diesem schoben sie vier Volumina für Küche, Bar, Garderobe und einen Raum für Privatempfänge unter. Diese Volumina wurden »aufgebläht« und wölbten gleichsam die Bodenfläche hoch, modelliert wurden sie mit Hilfe des Computers. Die so am Bildschirm erstellten Modelle überprüften die Architekten dann in Gussaluminium und Plastilin. Die ausgeführten Aluminiumschalen bestehen aus einem Skelettsystem mit integrierter Hülle, die wesentlich zur Stabilisierung des Ganzen beiträgt.

Architekturmuseen und Architekturzentren

Deutschland

Bauhaus Archiv
Klingelhöferstraße 14
10785 Berlin
www.bauhaus.de

Deutsches Architekur Zentrum (DAZ)
Köpenicker Str. 48–49
10179 Berlin
www.daz.de

Galerie Aedes
Rosenthaler Straße 40–41
10178 Berlin
www.aedes-galerie.de

Stiftung Bauhaus Dessau
Gropiusallee 38
06846 Dessau
www.bauhaus-dessau.de

Deutsches Architektur Museum
Schaumainkai 43
60596 Frankfurt/Main
www.dam-online.de

Architekturzentrum Hamburg
Stephansplatz 5
20354 Hamburg
www.architekturzentrum.de

Architekturmuseum der TU München in der Pinakothek der Moderne
Arcisstraße 21
8033 München
www.pinakothek-der-moderne.de

International

Arcam
Stichting Architectuur
Waaterlooplein 32
NL–1011 Amsterdam
www.arcam.nl

Fundació Mies van der Rohe
Provenca 318, pral. 2 B
E–08037 Barcelona
www.miesbcn.com

Architekturmuseum Basel
Pfluggässlein 3
CH–4001 Basel
www.architekturmuseum.ch

Architekturforum Bern
Kapellenstraße 14
CH–3011 Bern
www.architekturforum-bern.ch

arc en reve centre d'architecture
7 rue Ferrère
F–330 Bordeaux
www.arcenreve.com

The Chicago Athenaeum
307 N. Michigan Avenue
USA–Chicago, IL, 60601
www.chi-athenaeum.org

Chicago Architecture Foundation
Santa Fe Building
224 S. Michigan Avenue
USA–Chicago, IL
www.architecture.org

Voralberger Architektur Institut
Achstraße 1
A–6850 Dornbirn
www.v-a-i.at

The Lighthouse – Scotland's Centre for Architecture
11 Mitchell Lane
GB–Glasgow G1 3LX
www.thelighthouse.co.uk

Haus der Architektur Graz
Engelgasse 3–5
A–8010 Graz
www.hda-graz.at

Alvar Aalto Foundation
Tiilimäki 20
FIN–00330 Helsinki
www.alvaraalto.fi

Finnish Museum of Architecture
Kasarmikatu 24
FIN–0130 Helsinki
www.mfa.fi

Dansk Architektur Center
Strandgade 27B
DK–1401 Kopenhagen
www.gammeldok.dk

Forum d'architectures Lausanne
Villamont 4 CP 47
CH–1000 Lausanne 5
www.archi-far.ch

Royal Institute of British Architects (RIBA)
66 Portland Place
GB–London W1B 1 AD
www.architecture.com

Los Angeles Forum for Architecture and Urban Design
P.O. Box 291774
USA–Los Angeles
CA, 90020-8774
www.laforum.org

DESSA Architectural Gallery
Idovska Steza 4
SLO–1000 Lubljana
www2.arnes.si

Architekturgalerie Luzern
Denkmalstraße 15
CH–6006 Luzern
www.architekturgalerie.ch

Canadian Centre for Architecture
1920 Baile Street
Montreal H3H 2S6
Québec / Kanada
www.cca.qc.ca

Norwegian Architecture Museum
Kongens g 4
N–0153 Oslo
www.museumsnett.no/arkitekturmuseet

La Galerie d'Architecture
11 r. des Blancs Manteaux
F–75004 Paris
ww.galerie-architecture.fr

Institut francais d'architecture
6 rue de Tournon
F–75006 Paris
www.archi.fr/IFA

Nederlands Architectuur Institut
Museumpark 25
NL–3015 CB Rotterdam
www.nai.nl

Swedish Museum of Architecture
Skeppsholmen
SE–111 49 Stockholm
www.arkitekturmuseet.se

The Museum of Estonian Architecture
Rotermann's Salt Storage
Arts Centre, Ahtri 2
ET–Tallinn
www.arhitektuurimuuse-um.ee

National Building Museum
401 F St. NW
USA–Washington
DC 20001
www.nbm.org

Architektur Zentrum Wien
Museumsplatz 1
A–1070 Wien
www.azw.at

architektur forum zürich
Neumarkt 15
CH–8001 Zürich
www.architekturforum-zuerich.ch

Ausgewählte Literatur

Ausgewählte Literatur
Die Literatur zur Architektur des 20. Jahrhunderts, insbesondere der ersten Jahrhunderthälfte, ist umfangreich. Im folgenden sind nur einige grundlegende Werke genannt, deren Bibliographien weiterführende Spezialliteratur aufführen.

Allgemeine Überblickswerke

Bott, Gerhard (Hg.), *Von Morris zum Bauhaus. Eine Kunst gegründet auf Einfachheit,* Darmstadt 1977

Bußmann, Klaus (Hg.), *1910. Halbzeit der Moderne. Van de Velde, Behrens, Hoffmann und die Anderen,* Stuttgart 1992

Davey, Peter, *Arts-and-Crafts-Architektur,* Stuttgart 1996

Flagge, Ingeborg; Schmal, Peter Cachola (Hg.), *Digital real. blobmeister: erste gebaute projekte,* Ausst. Kat. DAM Frankfurt, Basel 2001

Frampton, Kenneth, *Die Architektur der Moderne. Eine kritische Baugeschichte,* Stuttgart 1983.

Gavinelli, Corrado, *Die Neue Moderne. Architektur in der zweiten Hälfte des 20. Jahrhunderts,* Stuttgart / Berlin / Köln 1997

Frank, Hartmut (Hg.), *Faschistische Architekturen. Planen und Bauen in Europa 1930 bis 1945,* Hamburg 1985.

Jencks, Charles, *Die Postmoderne. Der Neue Klassizismus in Kunst und Architektur,* Stuttgart 1987

Jencks, Charles, *Architektur heute,* Stuttgart 1988

Jencks, Charles, *Die Neuen Modernen. Von der Spät- zur Neo-Moderne,* Stuttgart 1990

Joedicke, Jürgen, *Architekturgeschichte des 20. Jahrhunderts,* erw. Neuaufl., Stuttgart / Zürich 1990

Klotz, Heinrich, *Moderne und Postmoderne. Architektur der Gegenwart 1960– 1980,* Braunschweig / Wiesbaden 1984

Klotz, Heinrich (Hg.), *Vision der Moderne. Das Prinzip Konstruktion,* Ausst. Kat. DAM Frankfurt, München 1986

Lampugnani, Vittorio Magnago (Hg.), *Lexikon der Architektur des 20. Jahrhunderts,* Stuttgart 1998

Lampugnani, Vittorio Magnago, *Architektur und Städtebau des 20. Jahrhunderts,* Stuttgart 1980

Noever, Peter (Hg.), *Architektur im Aufbruch. Neun Positionen zum Dekonstrukivismus,* München 1991

Papadakis, Andreas, *Dekonstruktivismus. Eine Anthologie,* Stuttgart 1989

Pehnt, Wolfgang, *Die Architektur des Expressionismus,* Ostfildern 1998

Riewoldt, Otto, *Bauten für die Zukunft. Architektur im Informationszeitalter,* Stuttgart 1997

Russel, Frank (Hg.), *Art Nouveau Architecture,* New York 1986

Thomsen, Christian W., *Experimentelle Architekten der Gegenwart,* Köln 1991

Tzonis, Alexander; Lefaivre, Liane, *Architektur in Europa seit 1968,* Frankfurt / New York 1992

Zabalbeascos, Anatxu; Marcos, Javier Rodriguez, *minimalisms,* Barcelona 2000

Literatur zu einzelnen Architekten

Alvar Aalto
Schildt, Göran, *Alvar Aalto. The Complete Catalogue of Architecture, Design and Art,* London 1994

Tadao Ando
Dal Co, Francesco (Hg.), *Tadao Ando. Complete Works,* London 1995

Peter Behrens
Buddensieg, Tilmann (Hg.), *Industriekultur. Peter Behrens und die AEG. 1907–1914,* Berlin 1979

Hendrik Petrus Berlage
Polano, Sergio (Hg.), *Hendrik Petrus Berlage. Complete Works,* New York 1987

Mario Botta
Pizzi, Emilio (Hg.), *Mario Botta. Das Gesamtwerk,* 3. Bd., Zürich 1993, 1997

Egon Eiermann
Schirmer, Wulf (Hg.), *Egon Eiermann 1904–1970. Bauten und Projekte,* 2. Aufl., Stuttgart 1984

Peter Eisenman
Ciorra, Pippo (Hg.), *Peter Eisenman. Bauten und Projekte,* Stuttgart 1995

Norman Foster
Lambot, Ian (Hg.), *Norman Foster. Foster Associates,* 6 Bde., Basel / Boston / Berlin 1991–1998

Frank O. Gehry
Dal Co, Francesco; Forster, Kurt W.; Soutter, Hadley Arnold, *Frank O. Gehry. Das Gesamtwerk,* Stuttgart 1998

Walter Gropius
Winfried Nerdinger, *Walter Gropius. Der Architekt Walter Gropius. Zeichnungen, Pläne, Fotos, Werkverzeichnis,* Ausst. Kat. Busch-Reisinger Museum und Bauhaus Archiv, Berlin 1985

Probst, Hartmut; Schädlich, Walter, *Walter Gropius,* 3 Bde. Berlin 1986–1987

Hugo Häring
Schirren, Matthias, *Hugo Häring. Architekt des Neuen Bauens 1882–1958,* Ausst. Kat. Akademie der Bildenden Künste Berlin, Ostfildern-Ruit 2001

Herman Hertzberger
Lüchinger, Arnulf, *Herman Hertzberger. Bauten und Projekte, 1959–1986,* Den Haag 1987

Josef Hoffmann
Sekler, Eduard F., *Josef Hoffmann. Das Architek-*

tonische Werk, Salzburg /
Wien 1982
Hans Hollein
Hans Hollein. Eine Ausstellung, Ausst. Kat. Wien,
Wien 1995
Heinrich Tessenow
De Michelis, Marco, Heinrich
Tessenow 1876–1950.
Das architektonische
Gesamtwerk, Ausst. Kat.
DAM Frankfurt, Stuttgart
1991
Toyo Ito
Ito, Toyo; Jencks, Charles
(Hg.), Toyo Ito, Weinheim
1995
Louis I. Kahn
Ronner, Heinz; Jhaveri, Sharad, Louis I. Kahn. Complete Work 1935–1974,
2. Aufl., Basel / Boston
1987
Josef Paul Kleihues
Mesecke, Andrea; Scheer,
Thorsten (Hg.), Josef Paul
Kleihues. Themes and
Projects, Basel / Boston /
Berlin 1996
Michel de Klerk
Bock, Manfred; Johannisse,
Sigrid; Stissi, Vladimir,
Michel de Klerk. Architect
and Artist of the Amsterdam School. 1884–1923,
Ausst. Kat. NAI Rotterdam,
Rotterdam 1997
Rem Koolhaas
Lucan, Jacques, OMA – Rem
Koolhaas. Architecture
1970–1990, New York
1991
Kisho Kurokawa
Kurokawa, Kisho, From
Metabolism to Symbiosis,
London 1992
Le Corbusier
Boesiger, Willy (Hg.), Le Corbusier. Œuvres complètes,
8 Bde., Zürich 1930– 1970
Brooks, H. Allen (Hg.), The
Le Corbusier Archive,
32 Bde., New York / Paris
1982–1984
Daniel Libeskind
Müller, Alois Martin, Daniel
Libeskind. Radix – Matrix.
Architekturen und Schriften. 1987–1996, in:
El Croquis, 80, 1996

Adolf Loos
Rukschcio, Burkhard; Schachel, Roland, Adolf Loos.
Leben und Werk, Salzburg/
Wien 1982
Charles Rennie Mackintosh
Laganà, Guido (Hg.), Charles
Rennie Mackintosh. 1868–
1928, Mailand 1988
Fumihiko Maki
Salat, Serge; Labbé, Françoise (Hg.), Fumihiko Maki.
An Aesthetic of Fragmentation, New York 1988
Richard Meier
Frampton, Kenneth; Rykwert,
Joseph, Richard Meier.
Architect. 1985/1991,
New York 1991
Mies van der Rohe
An Illustrated Catalogue of
the Mies van der Rohe Drawings in the Museum of
Modern Art. Part I: 1910–
1937, hg. v. Arthur Drexler,
4 Bde., New York / London
1986, 5. Bd. hg. v. Franz
Schulze, New York / London 1992
Cohen, Jean-Louis, Ludwig
Mies van der Rohe, Basel/
Berlin / Boston 1995
Renzo Piano
Buchanan, Peter (Hg.),
Renzo Piano. Building
Workshop. Sämtliche
Werke, 4 Bde., Stuttgart
1994–2000
Aldo Rossi
Ferlenga, Alberto (Hg.), Aldo
Rossi. Tutte le Opere,
Mailand 1999
Antonio Sant'Elia
Lampugnani, Vittori Magnago
(Hg.), Antonio Sant' Elia.
Gezeichnete Architektur,
Ausst. Kat. DAM Frankfurt,
München 1992
Carlo Scarpa
Beltramini, Guido; Forster,
Kurt W.; Marini, Paolo
(Hg.), Carlo Scarpa. Mostre
e Musei 1944 / 1976.
Case e Paesaggi 1972 /
1978, Ausst. Kat. Museo
di Castelvecchio Verona,
Mailand 2000
Hans Scharoun
Kirschenmann, Jörg; Syring,
Eberhard, Hans Scharoun.

1893–1972. Die Forderung des Unvollendeten,
Stuttgart 1993
Álvaro Siza
Frampton, Kenneth, Álvaro
Siza. Das Gesamtwerk,
Stuttgart / München
2000
Alison + Peter Smithson
Dunster, Davis (Hg.), Alison
+ Peter Smithson, in:
Architectural Monographs
No 7, London 1982
James Stirling
James Stirling, Michael Wilford and Associates. Building and Projects 1975–
1992, Stuttgart 1994
Louis Henry Sullivan
Frei, Hans, Louis Henry Sullivan, Zürich / München /
London 1992
Kenzo Tange
Bettinotti, Massimo (Hg.),
Kenzo Tange. 1946–1996.
Architecture and Urban
Design, Mailand 1996
Vladimir Tatlin
Harten, Jürgen (Hg.), Vladimir Tatlin. Leben, Werk,
Wirkung, Köln 1993
Bruno Taut
Nerdinger, Winfried; Hartmann, Kristina; Schirren,
Mathias; Speidel, Manfred,
Bruno Taut 1880–1938.
Architekt zwischen Tradition und Avantgarde, Stuttgart / München 2001
Guiseppe Terragni
Ciucci, Giorgio (Hg.), Giuseppe Terragni. Opera
Completa, Mailand 1996
Oswald Mathias Ungers
Oswald Mathias Ungers.
Architektur 1951–1990,
Stuttgart 1991
Henry van de Velde
Sembach, Klaus-Jürgen,
Henry van de Velde, Stuttgart 1989
Otto Wagner
Graf, Otto Antonia, Otto Wagner, 4 Bde. Wien / Köln /
Weimar 1980–1994
Frank Lloyd Wright
Pfeiffer, Brooks (Hg.), Frank
Lloyd Wright. Monography,
12 Bde., Tokyo 1984–
1987

Register

Register/Bildnachweis

Bildnachweis
A.C.L., Brüssel 11/ AKG, Berlin 55
(R. Wulf)/ allOver 162 (Ton van Vliet)/
Arcaid/Architekturfoto Frontispiz, 135
(St. Couturier), 151, Umschlag M. l.,
(R. Richter), 153 (F. Busam)/ Archipress
Umschlag M. r./ Architectural Associa-
tion, London 64 (H. Cook)/ Architectural
Review – de Burgh Galwey 90/ Archives
nationales, Fonds Perret 20/ Arthur
138 (D. Leistner)/ Bastin & Evrard,
Brüssel 15/ R. Belenholz 91/ Aus:
BBPR a Milano, hg. v. A. Piva, Mailand
1982 86/ L. Bérenger, Cerciat-Estades
131/ L. Bianda, Locarno 118/ Lluis
Casals 143/ M. Charles 16/ Centro
Studi Giuseppe Terragni 61/ Corbis
149 (J. Ressemeyer)/ J. Dapra 14/
W. Diepraan 98/ ESTO 92 (E. Stoller),
110 (S. Frances), 150 (T. Street Porter)/
G. Fessy 136/ Foster Associates 133
(A. Ward)/ FSB, Brakel 112, 125/
M. Freeman 63/ F. Galli 59/ Wenzel-
Hablik-Stiftung 71/ M. Hilbich, Berlin
36/ J. Horner 154/ E. Hueber 164/
K. Kinold, München 45, 141/ Aus:
H. Klotz, Moderne und Postmoderne.
Architektur der Gegenwart 1960–1980,
2. Aufl. Braunschweig/Wiesbaden 1985
102, 103, 113, 116, 117, 120/
W. Krase 127, 140/ Büro P. Kulka, Köln
145/ La Cambra LX/S 2256 27/ Laif
39 (M. Gonzalez); (Krinitz) Umschlagrück-
seite I./ Fondation Le Corbusier 46–48;
Umschlag u. Mitte/ LOOK 96 (C. Naun-
dorf), 128, Umschlag u. l., u. r. (Ch.
Heeb)/ Adolf Loos Archiv, Wien 31/ Th.
Mayer 174/ F. Monheim, Meerbusch
28, 50, Umschlag o./ Rui Morals de
Sousa 42/ G. Mudford 94, 95/St.
Müller, Berlin 121, 155, 157/ G. Murza
68/ Musei Civici, Como 32/ NAI–Stichting Wonen 18/ National Trust Photo
Library (A. v. Einsiedel) 7/ H. Neuen-
dorff, Baden-Baden 83/ J. Nye 132/
Fundaçao O. Niemeyer 97/ Tomio Ohasi
139/ Shigeru Ohno, Tokio 137/ Nach-
lass Poelzig, Hamburg 66/ H. Pohlig
108/ Archivio Ponti 85/ G. Riha 124/
C. Robinson 23/ P. Rosselli, Mailand
134/ A. Rossi 115/ Aus: Carlo Scarpa
1906–1978, hg. v. F. Dal Co, G. Mazza-
riol, Mailand 1984 142/ H. Schmölz,
Köln 70/ Shinkenchiku-Sha 166/
M. Spiluttini 17/ H. Stelfen-Stein 119/
James Stirling, Michael Wilford Asso-
ciates 124/ Hiroaki Tanaka 109/ Aus:
Kenzo Tange 1946–1996, hg. v. M.
Bettinotti, Mailand 1996 107, 107/
E. Troeger, Berlin/Hamburg 72/ Aus:
A. Tzonis, L. Lefaivre, R. Diamond, Archi-
tektur in Nordamerika seit 1960, Basel
1995 105/ Aus: A. Tzonis, L. Lefaivre,
Architektur in Europa seit 1968, Frank-
furt/ New York 1992 129/ 105 Ullstein
Bilderdienst 114/ VIEW 73 (D. Gilbert)/
L. Vignilli 156/Aus: Vision der Moder-
ne. Prinzip Konstruktion, hg. v. H. Klotz,
München 1986 100, 130/ W. Voigt,
DAM 87/ R. Walti 144/ Aus: Frank
Lloyd Wright. Monograph, hg. v. B. Pfeif-
fer, 2. Band, Tokyo 1987 25/ N. Young
147, 148/G. Zugmann 152

Der Verlag hat sich bemüht, alle Rechte-
inhaber ausfindig zu machen. Leider ist
dies in einigen Fällen nicht gelungen.
Berechtigte Ansprüche werden selbst-
verständlich im Rahmen der geltenden
Vereinbarungen abgegolten.